Mes Évangiles

Eric-Emmanuel Schmitt

Mes Évangiles

Albin Michel

Avant-propos

Je préfère épaissir les mystères que les résoudre.

Souvent, en lisant des romans policiers ou des essais philosophiques, je m'enthousiasme pour l'enquête et me retrouve déçu par le dénouement. « Ah, il ne s'agissait que de ça ! » me dis-je en refermant le volume. Dépité, je constate que rien n'a changé entre le début et la fin du livre : en résolvant l'énigme, l'auteur est revenu à la conception de l'univers qu'il partageait avec nous dès le départ. Un voyage en tourniquet qui nous donne quelques frissons mais ne nous emmène nulle part...

J'aime donc les questions qui durent...

Celle du christianisme, je mis longtemps à me la poser, sans doute parce que je suis né à la fin d'un vieux siècle qui avait accumulé tant de guerres et de génocides qu'il interdisait à ses enfants lucides de pouvoir croire encore au bien, sans doute parce que j'avais poussé athée dans une famille athée, sans doute parce que j'avais suivi mes études de philosophie dans un Paris devenu complètement matérialiste.

Je n'avais donc jamais prêté attention à cette étrange histoire d'un charpentier mort sur une croix construite par un autre charpentier.

Pour m'y intéresser, il me fallut deux nuits.

Une première nuit sous les étoiles. C'était au Sahara.

Une deuxième nuit dans une mansarde. C'était à Paris.

En février 1989, je parcourus le désert du Hoggar avec un groupe de dix personnes, un voyage hygiénique et sportif où nous marchions, entourés de chameaux qui portaient notre nourriture et nos bagages. Un jour, lorsque nous descendions d'une montagne, je pris la tête de l'expédition, impatient, rapide, sans jamais me retourner, négligeant de vérifier mon trajet. Arriva ce que je recherchais sans doute : je me perdis. À sept heures du soir, la nuit tomba, le vent se leva, le froid emplit l'espace et je me retrouvai seul, à plusieurs centaines de kilomètres

du premier village, sans eau ni vivres, livré à
l'angoisse, promis bientôt à la mort et aux vau-
tours. Au lieu de sombrer dans la panique, je
ressentis, en m'allongeant sous un ciel qui me
tendait des étoiles grosses comme des pommes,
le contraire de la peur : la confiance. Pendant
cette nuit de feu, je vécus une expérience mys-
tique, la rencontre avec un Dieu transcendant
qui m'apaisait, qui m'enseignait, et qui me dotait
d'une force telle que je ne pouvais en être moi-
même l'origine. Au matin, comme une trace, en
empreinte, déposée au plus intime de moi, se
trouvait la foi. Cadeau. Grâce. Émerveillement.
J'allais pouvoir mourir avec la foi, ou vivre avec
la foi.

Je survécus...

Évidemment, ce Dieu du Sahara n'appartenait
à aucune religion. Dépourvu comme je l'étais de
toute culture religieuse, je n'aurais pu de toute
façon le reconnaître, eût-il été celui de Moïse,
de Jésus ou de Mahomet. De retour en Europe,
je me plongeai dans les grands textes sacrés, je
m'immergeai dans les poètes mystiques de toute
confession, du bouddhiste Milarepa à saint Jean
de la Croix en passant par le soufi Rumi, et,
chaque fois, je m'abreuvais de sens. Cependant

m'attendait, une nuit, un deuxième choc : la lecture en une seule traite des quatre Évangiles. Nuit de tempête cette fois-ci. Durant quelques heures, suivant un mouvement de flux et de reflux, j'étais attiré et repoussé, assommé ou remonté à la surface, noyé dans l'incompréhension puis porté sur les vagues de l'amour. La figure de Jésus devint une obsession.

Quelques années plus tard, je me décidai à donner un nom à cette obsession : mon christianisme.

De tout cela, il sortit un roman, *L'Évangile selon Pilate*, qui parut en 2000. Après une décennie consacrée au théâtre, je me contraignis – ou plutôt ce récit me contraignit – à devenir romancier car je voulais reconstituer non seulement des âmes mais des lieux, une époque, un monde. En le rédigeant, je songeais toutefois à ce que donneraient certains passages sur la scène : je les entendais, je les sentais incarnés, vibrants, vivants, sculptés par le clair-obscur, répercutés dans le cœur du public, intenses, présents... J'aime le théâtre pour ce qu'il offre de concis, de brutal, de fort et d'urgent. C'est si bref, une représentation, qu'elle doit se limiter à l'essentiel.

Voici donc ce rêve dramatique. Il ne s'agit pas

d'une adaptation mais d'une réécriture, un texte différent, plus vif, plus nerveux, au muscle sec.

Les deux personnages principaux, Jésus et Pilate, ne sont pas préparés à ce qui leur arrive : ils sont d'emblée des esprits rationnels qui veulent voir le monde tel qu'on le leur a appris, sans zone d'ombre ni zone de lumière, quadrillé par le savoir, la tradition, la pratique. Ils refusent tout d'abord le mystère. Car ils vont être confrontés à quelque chose d'énorme, d'incompréhensible, deux événements qui nécessairement leur échappent : une résurrection pour Pilate, sa messianité pour Jésus.

Incarnation. Résurrection. Les deux piliers du christianisme. Les deux parties de ce livre.

Pour certains, naturellement, il n'y a là aucun mystère, seulement des fables, des légendes, de la sottise ou de l'exagération... Ceux-là vont peut-être un peu vite en besogne. Sans doute nettoient-ils le champ de la réalité en faisant disparaître ce qui les gêne... Cependant je ne veux pas les convaincre, seulement les intriguer. Car ce que je tiens à partager avec le lecteur, ce ne sont pas mes convictions, mais mes questions.

Si j'ai appelé ces deux textes *Mes Évangiles*, c'est pour signifier que je n'y délivre aucune vérité, que j'y assène encore moins « la vérité », historique ou théologique, seulement ma vision très subjective des choses... N'avons-nous pas, tous, à partir de tableaux, de musiques, de récits ou de films, réorganisé les événements, soulignant ceci, omettant cela, afin de nous raconter une histoire que nous pouvons croire ou rejeter ? N'avons-nous pas, tous, croyants ou incroyants, fabriqué un cinquième évangile ?

Comme je le disais plus haut, je préfère épaissir les mystères que les résoudre. Car un mystère, dès qu'il obtient une solution, cesse d'être un mystère sans nous donner plus à penser.

Éric-Emmanuel Schmitt

La Nuit des Oliviers

Dans quelques heures, ils vont venir me chercher.

Déjà ils se préparent.

Les soldats nettoient leurs armes. Des messagers s'éparpillent dans les rues noires pour convoquer le tribunal. Le menuisier caresse la croix sur laquelle je vais saigner demain.

Mon Dieu, qu'ils me tuent vite ! Et proprement !

J'aurais pu être ailleurs, ce soir. Dans une maison que je n'ai pas, m'auraient peut-être attendu une femme que je n'ai pas non plus et, derrière la porte, ravies de revoir leur père, des petites têtes bouclées et souriantes. Voici où ce rêve m'a réduit : attendre en ce jardin une mort que je redoute.

Comment tout cela commença-t-il ? Y a-t-il un début au destin ?

J'ai vécu une enfance rêveuse. À Nazareth, chaque soir, je m'envolais au-dessus des collines et des champs. Lorsque tout le monde dormait, je passais la porte silencieuse, j'ouvrais les bras, je prenais mon élan et mon corps s'élevait. Les ânes dressaient la tête pour me regarder passer, de leurs beaux yeux noirs de fille, au milieu des étoiles.

Et puis il y eut cette partie de chat perché. Après, plus rien ne fut jamais semblable.

Nous étions quatre inséparables, Mochèh, Ram, Kèsed et moi. Dans la carrière de Gzeth, nous avons commencé à jouer. Je grimpai sur une immense pointe rocheuse ; en bas, mes camarades n'étaient plus que des calottes de cheveux avec de petites jambes autour.

Je poussai un grand cri pour signaler ma présence. Ils se cassèrent le cou, m'aperçurent et applaudirent.

– Bravo Yéchoua ! Bravo !

Jamais ils ne m'auraient cru capable de monter si haut.

Puis Kèsed ajouta :

— Maintenant viens avec nous ! On s'amuse mieux à quatre.

Je me levai pour redescendre et là, la peur me prit. Je ne voyais absolument pas comment revenir... Accroupi, en sueur, je m'agrippai au rocher sans pouvoir bouger...

Soudain la solution m'apparut : voler ! Il suffisait que je m'envole. Comme chaque nuit.

Je m'approchai du bord, les bras écartés... L'air n'était pas dense, liquide sous mes bras, comme dans mon souvenir... Je ne me sentais plus porté... D'ordinaire, il suffisait que je soulève légèrement les talons pour décoller mais là, mes talons, rebelles, restaient au sol...

Le doute fondit sur moi, me plombant les épaules. Avais-je jamais volé ? Tout se brouilla.

Je me réveillai sur le dos de mon père, Yoseph, qui descendait le rocher, sachant trouver les prises imperceptibles.

En bas, il m'embrassa.

— Au moins, tu as appris quelque chose aujourd'hui.

Je ne saisis pas tout de suite ce que j'avais appris.

Je le sais maintenant : je venais de quitter l'enfance. Démêlant les fils des songes et de la réalité, je découvrais qu'il y avait d'un côté le rêve, où je planais mieux qu'un rapace, et d'un autre côté le monde vrai, dur comme ces roches sur lesquelles j'avais failli m'écraser.

J'avais aussi entrevu que je pouvais mourir. Moi ! Yéchoua ! D'ordinaire, la mort ne me concernait pas. Et pourtant, là, chat perché sur mon rocher, j'avais senti son souffle humide sur ma nuque. Dans les mois qui suivirent, j'ouvris des yeux que j'aurais préféré garder fermés. Non, je n'avais pas tous les pouvoirs. Non, je ne savais pas tout. Non, je ne m'avérais peut-être pas immortel. En un mot : je n'étais pas Dieu.

Car je crois que, comme tous les enfants, je m'étais d'abord confondu avec Dieu. Jusqu'à sept ans, j'avais ignoré la résistance du monde. Je m'étais senti roi, tout-puissant, tout-connaissant et immortel... Se prendre pour Dieu, le penchant le plus ordinaire des enfants heureux.

Grandir fut rapetisser. L'univers se désenchanta. Qu'est-ce qu'un homme ? Simplement quelqu'un-qui-ne-peut-pas... Qui-ne-peut-pas tout savoir. Qui-ne-peut-pas tout faire. Qui-ne-peut-pas ne pas mourir. La connaissance de mes limites avait fêlé l'œuf de mon enfance. À sept ans, je cessai définitivement d'être Dieu.

Le jardin demeure paisible ce soir, banal comme une nuit de printemps. Les grillons chantent l'amour. Les disciples dorment. Les peurs que je ressens n'ont pas d'échos dans l'air.

Peut-être la cohorte n'a-t-elle pas encore quitté Jérusalem ? Peut-être Yehoûdâh a-t-il eu peur ? Va, Yehoûdâh, dénonce-moi !

Comment se font les choses ?

— Que veux-tu faire plus tard ?
— Je ne sais pas... Comme toi ? Menuisier ?
— Et si tu devenais rabbi ?

Je regardai mon père sans comprendre. Rabbi ? Le rabbi de notre village, rabbi Isaac, m'apparaissait si vieux, si branlant avec sa barbe moisie, sans doute plus ancienne que lui, que je ne pouvais m'imaginer ainsi. Et puis, il me semblait que l'on ne devenait pas rabbi ; on l'était dès le départ ; on naissait rabbi. Moi, je n'étais né que Yéchoua. Yéchoua ben Yoseph, Yéchoua de Nazareth, c'est-à-dire bon à pas grand-chose.

— Réfléchis bien.

Et mon père reprit le rabot pour dégrossir une planche. J'étais d'autant plus étonné par la proposition de mon père qu'à l'école biblique les journées ne se passaient pas sans heurts, car on m'avait surnommé « Yéchoua aux mille questions ». Tout déclenchait mes interrogations. Pourquoi ne pas travailler le jour du Sabbat ? Pourquoi ne pas manger du porc ? Pourquoi Dieu punit-il au lieu de pardonner ? Comme les réponses ne me satisfaisaient pas, rabbi Isaac se retranchait derrière un « C'est la Loi » définitif. J'insistais alors : « Qu'est-ce qui justifie la Loi ? Qu'est-ce qui fonde la tradition ? » Je demandais tant d'éclaircissements que, parfois, on m'interdisait de parole pour une journée entière.

— Papa, rabbi Isaac pense-t-il du bien de moi ?

— Beaucoup. C'est lui qui est venu me parler hier soir. Le saint homme estime que tu ne trouveras la paix que dans une démarche religieuse.

Cette remarque m'impressionna plus que les autres. La paix ? Moi, rechercher la paix ?

Peu après, mon père mourut. Il tomba d'un coup, sous le soleil de midi, alors qu'il livrait un coffre à l'autre bout du village ; son cœur s'était arrêté sur le bord du chemin.

Je sanglotai éperdument pendant trois longs mois. Je pleurais l'absent bien sûr, ce père au cœur plus tendre que le bois qu'il sculptait, mais surtout je pleurais de ne pas lui avoir dit que je l'aimais.

Le jour où je séchai mes larmes, je n'étais plus le même. Je ne pouvais rencontrer personne sans lui dire que je l'aimais. Le premier à qui j'infligeai cette déclaration, mon camarade Mochèh, devint violet.

– Pourquoi dis-tu des stupidités pareilles !?

– Je ne dis rien de stupide. Je te dis que je t'aime.

– Ah, Yéchoua, ne fais pas l'imbécile !

« Idiot, crétin, niais », je rentrais chaque soir les poches pleines de nouvelles insultes. Ma mère tenta de m'expliquer qu'il y avait une loi non écrite qui obligeait à taire les sentiments.

– Laquelle ?

— La pudeur.

— Mais... maman, il n'y a pourtant pas de temps à perdre pour leur dire qu'on les aime : ils peuvent tous mourir, non ?

Elle pleurait doucement lorsque je parlais ainsi, elle me caressait les cheveux pour apaiser mes pensées.

— Mon petit Yéchoua, il ne faut pas trop aimer. Sinon tu vas beaucoup souffrir.

Étant l'aîné, je devais faire vivre mes frères et sœurs : je rouvris l'atelier de mon père. Je me montrais moins bon que lui mais, seul menuisier du village, je ne pâtissais pas de la concurrence.

L'atelier devint, selon le mot de ma mère, le temple des pleurs. À la moindre contrariété, les habitants venaient m'y raconter leurs difficultés. Je ne leur disais rien ; j'écoutais, j'écoutais pendant des heures, une simple oreille ; à la fin, je trouvais les quelques mots gentils que m'inspirait leur situation ; ils repartaient soulagés. Cela devait les rendre indulgents pour mes planches mal équarries. Ils ne se doutaient pas que l'entretien me faisait autant de bien qu'à eux. En essayant d'amener les Nazaréens dans une région de paix et d'amour, j'y allais moi-même.

C'est à cette époque que les Romains parcoururent la Galilée. À Nazareth, ils ne stationnèrent que le temps d'une halte pour boire, mais ils le firent avec l'arrogance de ceux qui s'estiment nés pour dominer. Des autres villages nous arrivait le bruit de leurs exploits : le nombre de patriotes tués, de filles violées, de maisons mises à sac. Quand les Romains eurent traversé et humilié la Galilée, je devins un vrai Juif. C'est-à-dire que je me mis à attendre. Attendre le sauveur. Ils abaissaient nos hommes, ils insultaient notre foi. À la honte que j'éprouvais, je ne trouvais que cette réponse active : espérer le Messie.

Les messies pullulaient en Galilée. Il ne se passait pas six mois sans qu'apparaisse un sauveur sale, décharné, le ventre creux, le regard fixe, doté d'un bagou à se faire écouter des libellules. On ne les prenait pas bien au sérieux mais on les écoutait quand même, « au cas où », comme disait ma mère.

– Au cas où quoi ?

– Au cas où ce serait le vrai.

Elle regardait mes meubles d'un petit air triste.

– Tu n'es pas bien doué, Yéchoua.

– Je m'applique.

— Même en s'appliquant, un cul-de-jatte ne sautera pas un mur.

Je croyais que mon destin était de faire ce qu'avait fait mon père. J'avais abandonné tout espoir de devenir rabbi. Certes, je passais les longues heures de la sieste à prier et lire, mais seul, librement, en multipliant les débats intérieurs. Beaucoup de Nazaréens me considéraient comme un mauvais pratiquant : j'allumais mon feu le jour du Sabbat, je soignais un petit frère ou une petite sœur malade même le jour du Sabbat. Rabbi Isaac se désespérait de ces comportements tout en empêchant les autres de s'en agacer outre mesure.

— Yéchoua est plus pieux qu'il n'en donne l'apparence, laissez-lui le temps de comprendre ce que vous avez compris.

À moi, il parlait plus sévèrement :

— Sais-tu qu'on a lapidé des hommes pour ce que tu fais ? Quand vas-tu donc te marier, mon Yéchoua ?

— Regarde Mochèh, Ram et Kèsed, ajoutait ma mère : ils ont tous des enfants déjà. Et tes plus jeunes frères m'ont déjà rendue grand-mère. Qu'est-ce que tu attends ?

Je n'attendais rien, je n'y pensais même pas.

– Allez, mon Yéchoua, hâte-toi de te marier. Il serait temps d'être un peu plus sérieux, maintenant.

« Sérieux ! » Alors, elle aussi le croyait ! Comme tout le village, ma mère s'était mis dans la tête que j'étais un tombeur de femmes !

Le séducteur de Nazareth... Parce que j'aimais la compagnie des femmes et qu'elles aimaient la mienne, nous discutions. Rien d'autre. Nous discutions. Les femmes parlent plus vrai, plus juste : elles ont la bouche près du cœur.

– Tu ne vas pas me faire croire que vous ne faites rien ensemble ? s'exclamait ma mère.

– Si. Nous parlons de la vie, de nos péchés.

– Oui, oui... Quand un homme parle à une femme de ses péchés, c'est généralement pour en rajouter un.

Alors il y eut Rébecca.

Le sourire de Rébecca fendit l'air et vint se ficher en moi. À quoi cela tenait-il ? Au noir bleuté de sa lourde natte ? À la blancheur du teint, tendre comme l'intérieur d'un pétale de liseron ? Aux yeux paisibles ? À sa démarche qui semblait regretter la danse ? L'évidence s'imposa : Rébecca était plus femme que toutes les femmes, elle les résumait toutes, c'était elle.

Nos familles s'en rendirent vite compte et nous encouragèrent. Rébecca n'habitait pas Nazareth. Elle vivait à Naïn, dans une riche famille d'armuriers. Maman versa une larme de joie lorsqu'elle me vit consacrer mes économies à l'achat d'une broche en or : enfin son fils formulait les mêmes souhaits que tout le monde.

Un soir, pour faire ma demande, j'emmenai Rébecca dans une auberge au bord de l'eau. Là, dans la fraîcheur des tilleuls, les tables attendaient les amoureux.

Se doutant de ce que j'allais lui demander, Rébecca s'était parée plus que de coutume. Des bijoux encadraient son visage, comme des petites lampes destinées à l'éclairer elle et elle seule.

– Charité, s'il vous plaît !

Un vieillard et son enfant en guenilles tendaient leurs mains sales et cornées vers nous.

– Charité, s'il vous plaît !

Je poussai un soupir d'agacement.

– Repassez plus tard.

Le vieillard s'éloigna avec l'enfant.

On commença à nous servir. La chère était somptueuse, les poissons et les viandes agrémentés de mille détails qui chatouillaient le palais.

Rébecca, le vin aidant, s'épanouissait, riait à tout propos. Moi aussi, entraîné dans cette griserie amoureuse, j'avais l'impression que jamais la terre n'avait porté un couple plus jeune, plus vif, plus beau que nous deux ce soir-là.

Au dessert, j'offris la broche à Rébecca. Fut-elle émerveillée par le bijou ou le geste ? Elle fondit en larmes.

– Je suis trop heureuse.

Par contagion, je me mis aussi à pleurer. Et ces larmes, qui nous réunissaient, nous pressaient l'un contre l'autre en nous donnant violemment envie de faire l'amour.

– Charité, s'il vous plaît.

Le vieillard et l'enfant étaient revenus, mains tendues, affamés. Rébecca eut un petit cri de rage et appela aussitôt l'aubergiste, s'indignant qu'on ne puisse pas dîner tranquillement.

L'aubergiste chassa le vieillard et l'enfant à coups de torchon.

Rébecca me sourit.

Le vieillard et l'enfant disparurent dans la nuit de la faim.

Je regardai nos plats, encore pleins de tout ce que, repus, nous n'avions pas mangé, je regardai le joyau que je venais de donner à Rébecca, je regardai notre bonheur et je devins muet.

Il faisait froid soudain.

Le lendemain, je rompis nos fiançailles.

J'avais découvert ce qu'il y a d'égoïste dans le bonheur. Le bonheur est à l'écart, fait de huis clos, de volets tirés, d'oubli des autres ; le bonheur suppose que l'on refuse de voir le monde tel qu'il est ; en un soir, le bonheur m'était apparu insupportable.

Au bonheur, je voulais préférer l'amour. Pas l'amour en particulier, l'amour en général. L'amour, je devais en garder pour le vieillard et l'enfant affamés. L'amour, je devais en garder pour ceux qui n'étaient ni assez beaux, ni assez drôles, ni assez intéressants pour l'attirer naturellement, de l'amour pour les gens non aimables.

Je n'étais pas fait pour le bonheur. Et, n'étant pas fait pour le bonheur, je n'étais donc pas fait pour les femmes. Malgré elle, Rébecca m'avait appris tout cela. Six mois plus tard, elle se mariait avec un très beau cultivateur de Naïn dont elle devint la femme fidèle et amoureuse.

— Mon pauvre garçon : comment peux-tu être aussi intelligent et commettre autant de sottises ? disait maman. Je ne te comprends pas.

– Maman, je ne suis pas fait pour le cours ordinaire de la vie.

– Et pour quoi es-tu fait, mon Dieu, pour quoi ?

– Je ne sais pas. Ce n'est pas grave. Le mariage n'était pas mon destin.

– Et qu'est-ce que c'est, ton destin, mon pauvre garçon ? Qu'est-ce que c'est ? Si au moins ton père était toujours là...

Serais-je ici, en ce jardin, à espérer et transpirer ma mort, si papa vivait encore ? Aurais-je osé ?

Quelques années passèrent. Il me semblait que j'avais enfin trouvé ma place. Mes meubles et mes charpentes ne s'étaient pas améliorés, mais mes conseils énormément. J'apaisais les villageois.

Le vieux rabbi Isaac s'étouffa sous le poids des ans et le Temple de Jérusalem nous envoya un nouveau prêtre, Nahoum, grand spécialiste des Écritures. En quelques semaines, il comprit qu'il y avait une autre voix que la sienne écoutée au village. Il se fit répéter ce que je disais et pénétra, furieux, dans mon atelier.

— Mais qui es-tu pour croire que tu peux commenter les Écritures ! Qui es-tu pour donner des conseils aux autres ? As-tu fait une école rabbinique ? As-tu pratiqué les textes comme nous les avons pratiqués ?

— Mais ce n'est pas moi qui conseille, c'est la lumière qui brille au fond de mes prières.

— Comment oses-tu ? Tu n'es bon qu'à produire des copeaux et tu voudrais guider les autres. Tu n'as pas le droit de dire quoi que ce soit au nom des Écritures ou encore moins au nom de Dieu ! Le Temple condamne les présomptueux comme toi. À Jérusalem, tu serais déjà mort lapidé !

Nahoum me fit peur.

Pendant quelques jours, je fermai l'atelier et allai m'isoler dans de longues promenades.

— Sais-tu qu'on ne parle plus que de ton cousin Yohanân ?

Maman avait le regard brillant.

— Lequel ?

— Le fils d'Élizabeth, ma cousine, tu sais bien...

On raconte qu'il est doué de la parole prophétique.

Elle tombait bien. J'éprouvais le besoin de me purifier, j'avais envie d'une aide, d'un guide, ou même d'un maître. Il fallait que j'aille voir Yohanân pour me laver de mes péchés.

J'ai suivi le cours sinueux du Jourdain.

Plus j'avançais, plus le chemin se couvrait de voyageurs qui déboulaient de toutes parts, de Damas, de Babylone, de Jérusalem et d'Idumée.

La silhouette de Yohanân le Plongeur se découpait au milieu des eaux basses, les jambes écartées, dans un enclos du fleuve dominé par les gorges rocheuses.

De grandes files de pèlerins se tenaient sagement, silencieusement, sur la berge. Seuls les appels criards des oiseaux traversaient les flots.

Yohanân ressemblait à une caricature de prophète : trop maigre, trop barbu, trop hirsute, couvert d'immondes peaux de chameau autour desquelles bruissaient et voltigeaient des mouches attirées par la puanteur.

Je m'approchai de deux pèlerins qui attendaient leur tour sur la berge.

— J'y vais, dit le gros.

— Moi, je n'y vais pas, répondit le maigre.

Après tout, je ne vois pas pourquoi je me ferais purifier, je respecte tout de notre loi.

— Misérables ! Puits de prétention et d'ordure !

La voix de Yohanân le Plongeur nous parvint, tonitruante.

— Engeance de vipère ! Sale porc ! Tu te crois pur parce que tu t'en tiens aux formes creuses de la Loi. Il ne suffit pas de se laver les mains avant chaque repas et de respecter le Sabbat pour se garder du péché. Ce n'est qu'en te repentant dans ton cœur que tu peux obtenir la rémission de ton péché.

Ce discours-là me toucha comme une piqûre de taon. N'était-ce pas ce que je pensais, tout seul, depuis des années ?

Le maigre pèlerin ne s'était pas attendu à déclencher un tel déluge d'invectives ; il regardait son compagnon, gêné, sans plus savoir quoi faire.

— Approche ! hurla Yohanân.

L'homme fit quelques pas dans l'eau.

— Et nu ! Nu comme tu es sorti du ventre de ta mère !

L'homme, sans comprendre lui-même pourquoi, obéit, se délesta de ses vêtements et avança vers Yohanân qui saisit son crâne dans sa grande main osseuse. Il regardait l'efflanqué dans les yeux, plus attentif que s'il y enfonçait un clou.

– Regrette tes péchés. Espère le Bien. Veux la rémission. Sinon...

Yohanân, après quelques secondes, l'enfonça durement sous l'eau et l'y maintint si longtemps que des bulles s'échappèrent du fond.

– Va. Tu es pardonné.

L'homme regagna le rivage en titubant. Sitôt sur la terre ferme, il se recroquevilla, tête dans les genoux, et se mit à sangloter.

Son gros camarade se précipita pour le consoler mais l'efflanqué releva le front et murmura :

– Merci, mon Dieu, merci... Merci pour la rémission de mes péchés. J'étais tellement impur.

Arriva une délégation en provenance de Jérusalem. Le Temple envoyait une commission de prêtres et de lévites pour enquêter sur Yohanân.

– Qui es-tu ?

– On m'appelle Yohanân le Plongeur.

– On dit que tu es le prophète Éliyyahou revenu à la vie.

– C'est ce qu'on dit. C'est ce que je n'ai jamais dit.

— D'autres colportent que tu es le Messie mentionné par les Écritures.

— Je ne suis pas le Messie mais celui qui l'annonce. Je suis la voix qui crie dans le désert : « Aplanissez le chemin du Seigneur. »

— Tu ne prétends donc pas être le Messie ?

— Je ne suis même pas digne de dénouer ses sandales. Lorsqu'il viendra, justice sera rendue, vengeance accomplie. Il brûlera les pécheurs comme on brûle la paille après l'avoir séparée du bon grain.

La commission repartit, rassurée, pour Jérusalem : finalement ce Yohanân ne s'avérait qu'un illuminé pas trop dangereux ; tant qu'il restait dans sa mare à enfoncer les pèlerins dans la vase, il ne disputait le pouvoir à personne.

Un nuage passa et j'entrai résolument dans l'eau pour me faire purifier par Yohanân. En me voyant avancer vers lui, Yohanân fronça les sourcils.

— Toi, je te reconnais.

— Tu me reconnais parce que je suis ton cousin, le fils de Myriam qui est parente de ta mère Élizabeth.

— Je te reconnais comme l'élu de Dieu.

Il avait lui-même l'air surpris par ce qu'il

disait. Il me contemplait comme une chose tout à fait extraordinaire. Et soudain, il se mit à hurler pour que chacun l'entende :

– Voici l'agneau de Dieu qui enlève le péché du monde !

Il avait vociféré cela avec une force telle que j'en devins muet. Je sentis que, sur les berges, la foule s'était immobilisée pour contempler la scène. Les regards pesaient sur moi. Je murmurai rapidement :

– Plonge-moi vite, qu'on en finisse.

Mais Yohanân s'exclama, indigné :

– C'est moi qui ai besoin d'être purifié par toi ! C'est moi qui t'appelle de tous mes vœux et c'est toi qui viens à moi ! Je t'aime.

Ce fut trop. Mes jambes chancelèrent, je perdis pied et m'évanouis. Yohanân me ramena dans ses bras sur la rive. Les femmes racontaient qu'au moment où mon esprit m'avait quitté, une colombe était descendue du ciel pour se poser sur mon front.

Moi, naturellement, je n'avais rien vu.

C'est là, en vérité, que tout a commencé...

Le soir, deux hommes, André et Syméon, me harcelèrent. Qui étais-je ? Qu'avais-je fait jusqu'ici ? Pourquoi Yohanân m'avait-il désigné comme l'élu ?

— Je ne comprends pas ce qu'affirme Yohanân. Je ne suis qu'un mauvais charpentier et un mauvais croyant qui vient de Nazareth.

— Es-tu né à Nazareth ?

— Non. En fait, je suis né à Bethléem mais c'est une histoire un peu compliquée...

— C'était écrit, Michée l'a annoncé : « L'Élu sortira de Bethléem. »

— Vous confondez !

— Es-tu descendant de David ?

— Non.

— Es-tu sûr ?

— C'est-à-dire... Il y a bien une vieille légende qui traîne dans la famille... qui voudrait que... Enfin, soyons sérieux ! Connaissez-vous une famille juive de Palestine qui ne prétende pas descendre de David ?

— C'est donc toi : l'Élu sera de souche davidique.

— Vous confondez !

— Qu'as-tu à nous enseigner ?

— Mais rien. Absolument rien.

– Nous estimes-tu indignes de toi ?

– Je n'ai pas dit cela !

Il n'y avait plus qu'une chose à faire : partir.

Je devais échapper aux bavardages, aux influences. Depuis trente ans, tout le monde avait un avis sur mon destin, sauf moi.

J'ai fui.

Je me suis enfoncé dans les terres incultes, là où il n'y a plus d'hommes, où la végétation est naturelle, sauvage, pauvre, où les points d'eau se raréfient, là où on ne risque plus les rencontres.

Dans le désert, je ne souhaitais qu'une seule rencontre : moi. J'espérais me découvrir au bout de cette solitude. Si j'étais bien quelqu'un ou quelque chose, je devais me l'apprendre.

C'est alors que je fis ma chute.

La chute qui bouscula ma vie. Qui me fit basculer.

Ce fut une chute immobile.

Je m'étais assis en haut d'un promontoire pelé. Il n'y avait rien à voir autour de moi que de l'espace. Il n'y avait rien à ressentir comme événement que le pur temps. Je m'ennuyais paisiblement. Je tenais mes genoux dans mes paumes, et là, soudain, sans bouger, j'ai commencé à tomber...

Je tombais...

Je tombais...

Je tombais...

Je dégringolais à l'intérieur de moi. Comment aurais-je soupçonné qu'il y avait de telles falaises dans un seul corps d'homme ? Je traversais le vide.

Puis j'eus le sentiment de ralentir, de changer de consistance, de peser moins lourd. Je perdais ma différence d'avec l'air. Je devenais de l'air.

L'accélération me ralentissait. La chute m'allégeait. Je finis par flotter.

Alors lentement, la transformation s'accomplit.

C'était moi et ce n'était pas moi. J'avais un corps et je n'en avais plus. Je continuais à penser mais je ne disais plus « je ».

J'arrivai dans un océan de lumière.

Là, il faisait chaud.

Là, je comprenais tout.

Là, j'éprouvais une confiance absolue.

J'étais parvenu aux forges de la vie, au centre, au foyer, où tout se fond, se fonde et se décide. À l'intérieur de moi, je ne trouvais pas moi, mais plus que moi, bien plus que moi, une mer de lave en fusion, un infini mobile et changeant où je ne percevais aucun mot, aucune voix, aucun discours, mais où je recevais une sensation nouvelle, terrible, géante, unique, inépuisable : le sentiment que tout est justifié.

Le bruit sec et furtif d'un lézard se faufilant dans les broussailles me fit sursauter.

Combien d'heures s'étaient écoulées ?

La nuit s'étalait en paix devant moi, comme un repos donné au sable brûlé, aux herbes assoiffées, récompense quotidienne.

J'étais bien.

Je ne m'étais pas trouvé, moi, au fond de ce désert. Non. J'avais trouvé Dieu.

Dès lors, chaque jour je recommençai le voyage immobile. Je grimpais sur le monticule et plongeais à l'intérieur de moi. J'allais vérifier le secret.

Au trente-neuvième jour de désert, je me décidai à revenir parmi les hommes. Cependant, au moment d'atteindre le cours frais et ombreux du Jourdain, je vis un serpent mort à terre. Il pourrissait, la gueule ouverte.

Une pensée me frappa : et si j'avais été tenté par le Diable ?

Je devais passer une quarantième nuit au désert.

Ce fut la nuit de toutes les inversions. Ce qui me semblait clair me devenait obscur. Là où j'avais vu du bien, j'apercevais du mal. Lorsque j'avais cru repérer un devoir, je soupçonnais désormais vanité, présomption, arrogance fatale ! Comment pouvais-je croire être en relation avec Dieu ? N'était-ce pas une démence ? Comment pouvais-je avoir le sentiment de saisir ce qui est juste et ce qui ne l'est pas ? N'était-ce pas une illusion ? Comment pouvais-je m'attribuer le devoir de parler pour Dieu ? N'était-ce pas de la prétention ?

Je ne reçus jamais de réponses à ces questions. Simplement, au matin du quarantième jour, je fis le pari.

Je fis le pari de croire que mes chutes, lourdes méditations, me conduisaient à Dieu, non à Satan. Je fis le pari de croire que j'avais quelque chose de bien à faire. Je fis le pari de croire en moi.

Je rejoignis les pèlerins au bord du Jourdain. André et Syméon m'attendaient au campement.

Lorsque je parus, Syméon s'exclama en souriant, comme pour me tester :

– Qui es-tu ?

– À ton avis ?

– Es-tu envoyé par Dieu ?

– C'est toi qui l'as dit.

Cela nous suffit. Nous sommes tombés dans les bras les uns des autres, puis Yohanân le Plongeur me rebaptisa. Il pria André et Syméon, ses disciples préférés, de le quitter pour me suivre.

Les temps qui suivirent furent les plus heureux et les plus exaltants de ma vie. Je découvrais avec ivresse les secrets que Dieu avait entreposés au fond de mes méditations et je tâchais de les exprimer au jour le jour. Tout à la joie de les apprivoiser, je n'en soupçonnais pas encore les conséquences.

André, Syméon et moi, nous parcourions la Galilée verte, fraîche, fruitée. Nous vivions sans souci du lendemain, dormant à la belle étoile, mangeant ce que notre main saisissait sur les arbres ou ce que d'autres mains nous offraient. Avec Dieu, nous découvrions l'insouciance.

Il y avait tant de joie dans notre accomplissement que, naturellement, nous attirions de nouveaux jeunes gens et notre groupe s'agrandissait. Au grand scandale de certains, je m'adressais beaucoup aux femmes et j'acceptais qu'elles nous suivent. Car j'avais découvert, en descendant dans le puits d'amour, que les vertus données par Dieu pour me guider n'étaient que des vertus féminines. Mon Père me parlait comme une mère. Il me montrait en exemple ces héroïnes anonymes, celles qui le réalisaient, toutes ces donneuses de vie, donneuses d'amour, celles qui baignent les enfants, apaisent les cris, remplissent les bouches, ces servantes immémoriales dont les gestes apportent le confort, la propreté, le plaisir, ces humbles des humbles, guerrières du quotidien, reines de l'attention, impératrices de la tendresse, qui pansent nos blessures et nos peines.

Nos pas nous amenèrent à Nazareth.

Je retrouvai ma mère avec joie mais je refusai de séjourner chez elle, continuant à vivre en plein air, au milieu de mes amis.

Yacob, mon frère cadet, se mit en colère.

— Yéchoua, tu nous fais honte ! Tu mendies dans ton propre village, où tout le monde te connaît, où nous vivons, où nous traitons nos affaires. Que va-t-on penser de nous ? Cesse immédiatement et reviens à la maison.

— Et mes amis ?

– Justement, parlons-en de tes amis. Une troupe de vagabonds, de paresseux, d'inutiles et de filles perdues ! On n'a jamais vu ça ici. Il vaudrait mieux qu'ils décampent.

– Alors je partirai avec eux.

Le coup était parti. Mon frère m'avait giflé, lui-même surpris par sa fureur.

Je m'approchai et lui dis avec tendresse :

– Frappe aussi la joue gauche.

Il poussa un hurlement de rage, referma son poing et quitta la pièce. Mes autres frères et sœurs se mirent à m'insulter, comme si, en tendant l'autre joue, j'avais commis un acte pire que la claque de mon frère.

J'avais appliqué là un autre enseignement de mes voyages au puits sans fond : aimer l'autre au point de l'accepter jusque dans sa bêtise. Répondre à l'agression par l'agression, œil pour œil, dent pour dent, n'avait pour résultat que de multiplier le mal, et pis, de le légitimer. Répondre à l'agression par l'amour, c'était violenter la violence, lui plaquer sous le nez un miroir qui lui renvoie sa face haineuse, révulsée, laide, inacceptable.

– Taisez-vous tous et laissez-moi seule avec Yéchoua.

Ma mère se jeta contre moi et pleura longuement.

— Yéchoua, mon Yéchoua, je suis allée t'écouter ces jours-ci et je suis bien inquiète. Je ne te comprends plus. Tu t'es mis à parler sans cesse de ton père, à le citer, alors que tu l'as pourtant si peu connu.

— Le père dont je parle est Dieu, maman. Je le consulte au fond de moi lorsque je m'isole pour méditer.

— Mais pourquoi dis-tu « mon père » ?

— Parce qu'il est mon père comme il est le tien, et notre père à tous.

— Tu parles toujours en général ! Tu dis qu'il faut aimer tout le monde mais toi, est-ce que tu aimes seulement ta mère ?

— Ce n'est pas difficile d'aimer les gens qui vous aiment.

— Réponds !

— Oui. Je t'aime, maman. Et mes sœurs et mes frères aussi. Mais cela ne suffit pas. Il faut aimer encore ceux qui ne nous aiment pas. Et même nos ennemis.

— Te rends-tu compte où tu vas ? Quelle vie te prépares-tu ?

– Ma vie ne m'intéresse pas. Je ne veux ni
vivre pour moi ni mourir pour moi.

– Tu deviens fou, mon Yéchoua.

– Aujourd'hui j'ai le choix entre une carrière
de fou et une carrière de mauvais charpentier. Je
préfère faire un bon fou.

Elle rit dans ses sanglots. Je me sentais fragile
face au chagrin de ma mère. Je quittai Nazareth
au plus vite.

Les ennuis commencèrent avec mes premiers
miracles.

Je ne sais ce que l'avenir retiendra de ma vie
mais je ne voudrais surtout pas que se propage
cette rumeur qui m'encombre déjà : ma réputa-
tion de faiseur de prodiges.

Un regard, une parole peuvent soigner, tout
le monde sait cela, et je ne suis pas le premier
guérisseur à exercer sur la terre de Palestine.
N'importe qui y parvient et je me devais de
soulager à mon tour. Oui, j'ai touché les plaies,
oui, j'ai soutenu les regards de souffrance, oui,
j'ai passé des nuits auprès des grabataires ; je
m'asseyais contre les infirmes et je tentais, par
les mains, de leur donner un peu de cette force

qui bouillonne au fond de moi ; je parlais avec eux, je tentais de trouver une issue à leur souffrance, d'absorber leur douleur, et je les engageais à prier, à trouver le puits d'amour en eux. Ceux qui y réussissaient allaient mieux. Les autres non. Mais ma réputation n'a retenu que les premiers. Elle a oublié ceux qui restèrent cloués dans leur malaise parce que ni moi ni eux n'étions arrivés à quelque chose.

Les gens se ruaient vers moi comme les vaches à l'abreuvoir, sans discernement.

— Est-ce que vous faites les maladies de peau ?

— Et la repousse des cheveux ?

Les malentendus s'accumulaient. Je ne maîtrisais plus rien. On m'attribua des miracles sans rapport avec mes guérisons. On me vit multiplier les pains dans les paniers vides, le vin dans les jarres vides, les truites dans les filets vides, toutes choses qui sont bien arrivées, je l'ai constaté moi-même, mais qui devaient avoir une explication naturelle. Plusieurs fois, j'ai même soupçonné mes disciples... N'ont-ils pas mis en scène ces prétendus prodiges ? N'ont-ils pas eux-mêmes rempli les amphores ? Ne m'ont-ils pas outrageusement attribué l'arrivée heureuse d'un banc de poissons dans le lac de Tibériade ? Comment leur en faire le reproche ? Ils ne sont que des hommes, des hommes d'ici, exaltés, qui m'adorent, qui doivent se défendre de nos adversaires, se justifier auprès de leurs familles. Ils veulent convaincre, et lorsqu'on veut convaincre, la bonne foi et l'imposture se marient bien. Pourquoi ne pas employer les mauvais arguments quand les bons ne réussissent pas ? Peu importe que ce prodige soit réel ou que cet autre ne le soit pas ! Les coupables, ce sont les crédules, ceux qui veulent être trompés.

Notre vie avait changé. Quand nous n'étions pas poursuivis par des malheureux en quête de miracle, nous étions persécutés par les pharisiens, les prêtres et les docteurs de la Loi qui estimaient que je disposais désormais de trop d'oreilles pour m'écouter.

— Comment oses-tu parler au nom de Dieu ?

Une idée neuve passe d'abord pour une idée fausse. Les pharisiens refusaient de me comprendre.

— Mais comment oses-tu parler au nom de Dieu ?

— Parce que Dieu est en moi.

— Blasphème ! Dieu vit séparé de nous, Dieu est un et inatteignable. Des abîmes te coupent de Dieu.

Ils m'épiaient, me harcelaient.

Lors d'un voyage à Jérusalem, pour la Pâque, ils me tendirent un guet-apens.

– Traînée ! Salope ! Fille de rien !

Ils m'amenèrent une femme adultère.

J'étais piégé. La loi d'Israël l'ordonne : on doit lapider les fiancés coupables de trahison, et encore plus les épouses convaincues d'adultère. Les pharisiens et docteurs de la Loi avaient pris la jeune femme en faute, avaient laissé s'échapper le mâle à toutes jambes, et venaient la massacrer à coups de pierres devant moi. Ils savaient que je ne le supporterais pas et, bien plus important que le flagrant délit d'adultère dont ils se moquaient éperdument, ils voulaient me surprendre, moi, en flagrant délit de blasphème.

La victime, belle, tremblante, émouvante, dégrafée, décoiffée, se tenait presque morte de peur entre nous.

Je m'accroupis et me mis à dessiner des formes dans le sable. Cette bizarrerie démobilisa mes adversaires quelques instants et me donna le temps de réfléchir. Puis la meute se remit à hurler.

– On va la tuer ! On va la lapider ! Tu entends, le Nazaréen ? On va l'achever devant toi !

Curieuse scène : c'était moi, et non elle, qu'ils menaçaient. Ils me menaçaient de sa mort.

Je continuai à dessiner. Je les laissai baver leur haine ; ce serait toujours ça de moins à combattre. Puis, quand ils crurent avoir compris que je les laisserais faire, je me relevai et leur proposai paisiblement :

– Que celui d'entre vous qui n'a jamais péché lui jette la première pierre.

Nous étions dans l'enceinte du Temple.

Je les fixai tous, un à un, sans amour, avec au contraire une violence qui devait les inquiéter. Mes yeux disaient :

– Toi, tu n'as jamais fauté ? Je t'ai vu la semaine dernière dans une auberge ! Et toi, comment oses-tu jouer les purs alors que je t'ai surpris à toucher les seins d'une porteuse d'eau ! Et toi, tu crois que je ne sais pas ce que tu as fait avant-hier ?

Les plus vieux reculèrent les premiers. Ils déposèrent leurs pierres et partirent lentement.

Mais les jeunes, déjà trop excités par le goût du sang, refusaient de retourner dans leur conscience.

Je les regardai alors avec ironie. Mon sourire

les menaçait de délation. Ma physionomie disait :

— Je connais toutes les prostituées de Judée et de Galilée : vous ne pouvez pas jouer les saints en face de moi. J'ai des listes. Je sais tout.

Les jeunes baissèrent les yeux à leur tour. Ils refluèrent.

Il n'y en avait qu'un qui me résistait, soutenant crânement mon regard. Il devait avoir dix-huit ans.

Ses camarades le tirèrent par le bras. Ils chuchotaient : « Ne sois pas ridicule ! Tu ne vas pas prétendre n'avoir jamais péché, pas toi ! » Vaincu, il se laissa emmener.

Je demeurai seul avec la femme aux chairs palpitantes.

Je la rassurai d'un sourire.

— Où sont ceux qui t'accusaient ? Il n'y a plus personne pour te condamner ?

— Personne.

— Je ne te condamne pas non plus. Va. Et ne pèche plus.

La ruse m'avait encore une fois sauvé.

Mais j'étais épuisé par ces pièges.

Une usure me dévorait : la fatigue de dire quelque chose que personne ne voulait entendre, la fatigue de parler aux sourds, la fatigue de créer des sourds en parlant.

C'est alors que Yehoûdâh Iscariote prit de plus en plus d'importance dans ma vie.

Je crois que je n'ai jamais aimé un homme autant que Yehoûdâh. Avec lui, et lui seul, je parlais de Dieu.

— Il est toujours si près. Si proche.

— Ne te voile pas la face, Yéchoua, tu comprends très bien ce que cela signifie. Yohanân le Plongeur te l'a révélé avant tout le monde : tu es Celui qu'il annonce, le Fils de Dieu.

— Je t'interdis de répéter ces sottises, Yehoûdâh. Je suis le fils d'un homme, pas de Dieu. Si j'étais le Messie, je le saurais.

— Mais tu le sais. Quoique tu possèdes la connaissance et les signes, tu refuses de les voir.

— Tais-toi ! Une fois pour toutes, tais-toi.

La rumeur s'enflait, énorme, terrible, ahurissante, frappant les toits de Galilée plus vite qu'une grêle de printemps : Yéchoua de Nazareth était le Messie annoncé par les textes.

Je ne pouvais plus sortir en public sans qu'on me demande :

– Es-tu le Fils de Dieu ?

– Qui te l'a dit ?

– Réponds. Es-tu bien le Messie ?

– C'est toi qui l'as dit.

Je n'avais pas d'autre réponse : « C'est toi qui l'as dit. »

Je n'ai jamais prétendu autre chose. Jamais je n'aurais osé prétendre être le Christ. Je pouvais parler de Dieu, de sa lumière, de ma lumière puisqu'elle brillait en moi. Pas plus. Mais les autres, sans scrupules, finissaient mon discours. Ils m'exagéraient. Ceux qui m'aimaient pour me célébrer. Ceux qui me détestaient pour hâter mon arrestation.

– Yehoûdâh, je t'en supplie : fais taire ce bruit idiot. Je n'ai rien d'extraordinaire, à part ce que Dieu m'a donné.

– C'est de cela que parle le bruit, Yéchoua : ce que Dieu t'a donné. Il t'a élu. Il t'a distingué.

Et Yehoûdâh de partir, pour la nuit, dans des considérations sur les prophéties. Il retrouvait dans des détails absurdes de mon existence la réalisation de ce qu'avaient annoncé Élie, Jérémie, Ézéchiel ou Osée. Je protestai :

– C'est ridicule ! C'est minuscule ! Au petit

jeu des rapprochements, tu peux trouver des similitudes entre n'importe qui et le Messie !

Hérode, le gouverneur de Galilée, me convoqua, me reçut dans son palais, m'infligea la vue de toutes ses richesses, de ses courtisans, puis s'isola avec moi entre deux piliers sans témoin.

— Yohanân le Plongeur me dit que tu es le Messie.

— C'est lui qui le dit.

— Je tiens Yohanân pour un véritable prophète. J'aurais donc tendance à l'écouter.

— Hérode, je ne suis pas le Messie.

— Et alors ? La moitié de la Palestine est déjà prête à te suivre. Il faut emprunter les idées du peuple si on veut le diriger. On traite l'humanité avec ses illusions. Allons, César savait bien qu'il n'était pas le fils de Vénus, mais c'est en le laissant croire qu'il est devenu César.

— Tes raisonnements sont abjects, Hérode, et je ne veux pas devenir César, ni roi d'Israël, ni quoi que ce soit. Je ne fais pas de politique.

— Peu importe, Yéchoua. Permets-nous d'en faire auprès de toi !

En quittant le palais, ma décision était prise : j'en avais fini avec la vie publique. J'arrêtais tout.

J'allais dissoudre notre groupe pour continuer mon existence seul, retiré dans le désert.

Malheureusement, nous sommes passés à Naïn, et, après ma traversée de ce village, rien ne fut plus aussi certain pour moi...

À l'entrée du bourg, nous rencontrâmes le cortège funèbre d'un jeune garçon, Amos.

Sa mère, Rébecca, la Rébecca de ma jeunesse, la Rébecca que j'avais aimée et failli épouser, marchait devant, sans volonté, contrainte, comme une condamnée à la vie. Veuve depuis quelques années, elle venait de perdre son fils unique.

Je demandai aux porteurs de s'arrêter pour me laisser voir l'enfant. Je m'approchai, saisis les mains du garçonnet dans le cercueil et me plongeai dans la prière la plus violente de ma vie.

– Mon Père, fais qu'il ne soit pas mort. Donne-lui droit à la vie. Rends heureuse sa mère.

Je m'étais jeté dans la prière comme un désespéré, je n'en attendais rien, c'était juste un trou où blottir mon chagrin.

Les mains de l'enfant s'accrochèrent aux miennes et le petit, lentement, se releva.

À minuit, sous l'ombre grise d'un olivier, Yehoûdâh me rejoignit.

— Alors, Yéchoua, quand cesseras-tu de nier l'évidence ? Tu l'as ressuscité.

— Je n'en suis pas sûr, Yehoûdâh. Tu sais comme moi qu'il est difficile de reconnaître la mort. Combien de gens sont enterrés vivants ?

— Crois-tu qu'une mère aurait été capable de se tromper et de porter son enfant endormi au tombeau ?

Je retombai dans le mutisme. J'avais l'impression de me battre en duel avec Dieu. Il voulait m'imposer sa victoire en me désarmant, en m'ôtant mes doutes. Mais je pouvais nier encore ses signes.

Puis le matin vint nettoyer le ciel.

En rouvrant les yeux, j'avais accepté que Dieu m'aime autant.

— Yehoûdâh, je ne sais qui je suis. Je sais seulement que je suis habité par plus grand que moi. Je sais aussi, par cet amour qu'il me prouve, que Dieu attend beaucoup de ma vie. Alors, Yehoûdâh, je te le dis : je fais le pari. Je fais le pari, du plus profond du cœur, que je suis celui-ci, celui que tout Israël attend. Je fais le pari que je suis bien le Fils.

Yehoûdâh se jeta à terre, mit ses bras autour de mes chevilles, et me tint longuement les pieds embrassés.

Pauvre Yehoûdâh ! Il en était, comme moi, tout à la joie. Il ne savait pas à quelle nuit ce matin allait nous conduire, ni ce que ce pari allait exiger de nous.

Mon Père, donne-moi la force dans ce verger indifférent à mon angoisse, donne-moi le courage d'aller jusqu'au bout de ce que j'ai cru être ma tâche...

Dans les jours qui suivirent mon pari secret, Hérode fit arrêter Yohanân le Plongeur et le boucla dans la forteresse Machéronte car Hérodiade, sa nouvelle épouse, voulait la peau du prophète qui avait osé blâmer son mariage.

Yohanân, inquiet, me fit parvenir un message de sa prison.

« Es-tu bien celui qui doit venir ? Es-tu le

Christ ? Ou bien faut-il que j'en attende un autre ? »

Malheureusement, avant que les deux hommes ne transmettent ma réponse, Yohanân avait été décapité.

Mes disciples, dont certains avaient d'abord suivi Yohanân, se mirent en colère.

– Prends le pouvoir, Yéchoua ! Ne laisse plus les justes finir exécutés ! Fonde ton royaume, nous te suivrons, la Galilée te suivra. Sinon, tu finiras le col tranché, comme le Plongeur, ou pire !

Or, plus je méditais, plus je percevais que je n'avais aucune place à prendre, aucun trône à revendiquer. Je ne serais pas un meneur d'hommes, non, mais un meneur d'âmes. Oui, je voulais changer le monde... pas comme ils m'y poussaient. Le seul soulèvement auquel j'appelais était un bouleversement intérieur. Je n'ai aucune ambition pour le monde extérieur, le monde des César, des Pilate, des banquiers, des marchands. Mon royaume, chacun le porte en lui, comme un idéal, comme une chimère, une nostalgie ; chacun en a, en lui, le désir doux. Qui ne se sent pas le fils d'un père qu'il ignore ? Qui ne voudrait reconnaître un frère en chaque homme ? Mon royaume est déjà là, espéré, rêvé. Accomplissons-le ! Dieu ne souffre pas la timidité.

Les Galiléens m'écoutaient bouche bée car c'est avec la bouche qu'ils écoutent ; avec les oreilles, ils n'entendent rien. Mes paroles ricochaient de crâne en crâne, sans entrer dans aucun. Ils n'attendaient que mes miracles, tolérant mes prédications par complaisance, comme on avale distraitement un hors-d'œuvre ; le plat de résistance demeurait le prodige, la guérison. Rien ne pouvait plus arrêter la déferlante : où que j'aille, on faisait passer les grabataires par les fenêtres, par le toit.

Un jour, mes frères et ma mère vinrent fendre la foule d'un village où je séjournais. Je savais qu'ils se moquaient de moi, de ma prétention, de ma folie ; plusieurs fois, ils m'avaient envoyé des messages me suppliant d'arrêter de jouer ce rôle de Christ. Comme je n'y avais jamais répondu, ils voulaient m'imposer un conseil de famille.

— Laissez-nous passer, criaient mes frères, nous sommes sa famille.

Je me plantai à la porte pour les arrêter. Je savais que j'allais leur faire mal mais je devais agir ainsi.

— Qui est ma vraie famille ? Ma famille n'est

pas de sang, elle est d'esprit. Qui sont mes frères ?
Qui sont mes sœurs ? Qui est ma mère ? Qui-
conque obéit à la volonté de mon Père. Je vous
vois pleins de haine, je ne vous reconnais pas.

Je désignai mes compagnons à l'intérieur :

– Si quelqu'un vient avec moi, et s'il ne lâche
pas son père et sa mère, ses frères et sœurs, sa
femme et ses enfants, il ne peut être mon disciple.

Et je claquai la porte au nez de mes frères et de
ma mère.

Ils repartirent, ivres de rage. Mais ma mère
resta, écroulée, attendant humblement à la porte.
À la nuit, je la fis entrer et nous avons mêlé nos
larmes.

Elle ne m'a plus quitté jusqu'à cette nuit.
Elle m'a suivi, discrète, en arrière, au milieu des
femmes, auprès de Myriam de Magdala, permet-
tant à chacun d'oublier, y compris à moi-même,
qu'elle avait pu être ma mère. De temps en
temps, nous nous retrouvons en cachette pour
des baisers furtifs. Depuis ma brouille avec mes
frères, elle a admis que je devais montrer que je
mettais l'amour en général plus haut que l'amour
en particulier. Ma plus grande et belle fierté sur
cette terre fut sans doute d'avoir, un jour,
convaincu ma mère.

Avec Yehoûdâh, nous relisions les écrits des prophètes. Depuis mon pari secret, j'y prêtais une autre oreille que par le passé.

— Tu dois retourner à Jérusalem, Yéchoua. Le Christ connaîtra son apothéose à Jérusalem, les textes sont formels. Tu devras être humilié, torturé, tué, avant de renaître. Il va y avoir un moment difficile.

Il en parlait paisiblement, illuminé par sa foi. Lui seul avait saisi ce qu'était le Royaume, un royaume sans gloire où il n'y aurait aucune réussite matérielle ni politique. Il me décrivait mon agonie avec le calme de l'espérance.

— Tu mourras quelques jours, Yéchoua, trois jours, puis tu ressusciteras.

— Il faudrait en être sûr.

— Allons Yéchoua. Un sommeil de trois jours ou d'un million d'années ne te paraîtra pas plus long qu'un sommeil d'une heure.

Jérusalem devint le nom de mon souci. Le nom de mon destin. Le lieu de ma mort. J'achèverai ma prédication à Jérusalem.

Comme tout Juif pieux, je m'y étais rendu plusieurs fois, brièvement, à la Pâque. Je devais songer maintenant à y rester. Nous avons pris la route.

Je n'obtins aucun succès à Jérusalem, pas même de curiosité. Ma seule réussite consista à me faire détester chaque jour davantage des prêtres, docteurs de la Loi, sadducéens et pharisiens. Plus optimistes que moi, ils craignaient que je ne touche le peuple par une autre façon de parler et de penser à Dieu. Ils se sentaient en danger. Ils commençaient à planifier ma perte : dans leurs esprits, je suis déjà lapidé depuis plusieurs mois.

– Par le puits d'amour, j'ai un accès direct à Dieu.

– Blasphème ! Blasphème !

– Je ne suis pas venu abolir mais accomplir.

– Blasphème ! Blasphème !

J'ai fui.

J'ai fui la haine des pharisiens, j'ai fui l'arrestation qui se rapprochait, j'ai fui la mort qui me reniflait de sa grosse truffe fulminante. J'échappai de justesse à la colère de Ponce Pilate, le préfet de Rome, qui avait perçu comme une menace contre lui mes déclarations sur la fin de l'ordre ancien et l'arrivée du Royaume. Ses espions m'avaient mis sous les yeux une pièce portant son effigie, ou celle de César, je ne sais pas, car ces Romains rasés aux cheveux courts se ressemblent tous.

— Dis-nous, Yéchoua, faut-il bien respecter l'occupant romain ? Est-il juste de lui payer les impôts ?

— Il faut rendre à César ce qui est à César, et à Dieu ce qui est à Dieu. Je ne suis pas un chef de guerre. Mon royaume n'a rien à voir avec le sien.

Cela avait soulagé Pilate, mais aliéné définitivement les zélotes, les partisans de Barabbas, qui n'auraient pas dédaigné de m'utiliser pour soulever la Palestine contre l'occupant romain. J'avais réussi mon parcours : dans tous les corps constitués, je ne comptais plus que des ennemis.

J'avais peur. J'étais de plus en plus nu, avec ma parole désarmée.

Nous sommes repartis nous cacher à la campagne. Je voulais reprendre des forces pour le dernier combat. J'avais besoin de prier. Je redoutais — comme je le redoute ce soir — que le Yéchoua de Nazareth, un fils de charpentier né dans une simple ornière du monde, ne prenne le dessus, avec sa force, son appétit, et son désir de vivre. Parviendrai-je encore au puits d'amour

quand on me fouettera ? Quand on me clouera ?
Et si la douleur fermait le puits ? Si je n'avais
plus qu'une voix, une pauvre voix humaine, pour
hurler d'agonie ?

Yehoûdâh me rassurait :

– Le troisième jour, tu reviendras. Et je serai
là. Et je te serrerai dans mes bras.

Yehoûdâh ne doutait jamais. Je l'écoutais des
heures, cette parole confiante arrachée à l'épais-
seur de mes incertitudes.

– Le troisième jour, tu reviendras. Et je serai
là. Et je te serrerai dans mes bras.

La Pâque approchait. La fête des Pains azymes
me semblait le bon moment pour m'accomplir
car tout le peuple d'Israël viendrait prier au Tem-
ple. Nous nous dirigeâmes vers Jérusalem.

Sur le chemin, à Béthanie, Marthe et Myriam,
les sœurs de Lazare, se jetèrent sur moi en pleu-
rant.

– Lazare est mort, Yéchoua. Il est mort il y a
trois jours.

Je demandai à aller me recueillir auprès de
Lazare une dernière fois.

On m'ouvrit la pierre qui fermait son tombeau et je pénétrai la cavité creusée dans la roche.

Le parfum ravageur de la myrrhe empoissait l'air. Je soulevai le suaire et vis le visage creusé, verdâtre, cireux de mon ami Lazare. Je m'allongeai à côté de lui sur la dalle. J'avais toujours considéré Lazare comme le grand frère que je ne n'avais pas eu dans la vie. Voilà qu'il devenait mon grand frère dans la mort.

Je me mis à prier. Je descendis au puits d'amour. Je voulais savoir s'il y était. Là, je retrouvai la lumière éblouissante, mais je n'appris rien. « Tout est bien », répétait mon Père, à son habitude. « Tout est bien, ne t'inquiète pas. »

Lorsque je revins du puits, Lazare était assis à côté de moi. Il me regardait avec stupeur, ébahi, engourdi, surpris.

– Lazare, tu es ressuscité !

Ses traits n'exprimaient rien ; ses yeux partaient en arrière, comme s'il voulait dormir.

Je le pris sous les bras et je l'amenai au jour.

Décrire l'émotion des disciples et de ses sœurs quand nous sortîmes du tombeau est impossible. Toujours placide, égaré, Lazare se laissait embrasser, palper, totalement muet, l'ombre de lui-même. On me dit qu'il se trouvait déjà dans cet état les derniers jours de sa maladie.

Je m'isolai et plongeai, désespéré, dans la prière.

Mon Père avait exécuté le miracle pour me rassurer, moi, et moi seul, m'expliquer que je reviendrais de la mort, et que moi, à la différence de Lazare, je parlerais. Pour moi, il avait sacrifié le repos de Lazare. Une résurrection de Lazare pour moi, pas pour Lazare ! Une répétition avant le spectacle. Des larmes de honte ravagèrent mon visage. Pauvre Lazare...

Enfin une voix sortit du puits et me dit que l'amour, le grand amour, n'a parfois rien à voir avec la justice ; que l'amour doit souvent se montrer cruel ; et que mon Père, lui aussi, pleurerait quand il me verrait sur la croix.

La main de Yehoûdâh posée sur mon épaule me fit sursauter. Il rayonnait de confiance.

– Le troisième jour, tu reviendras. Et je serai là. Et je te serrerai dans mes bras.

Mon Dieu, pourquoi n'ai-je pas la foi de Yehoûdâh ?

Nous sommes arrivés ici, au mont des Oliviers.

Pendant les dernières heures de ce voyage, je n'ai songé qu'à protéger les miens. On doit m'arrêter moi, et rien que moi, pour blasphème et impiété ; la faute ne doit pas être partagée par mes amis ; il faut épargner les disciples ; je dois subir seul ce destin.

Comment éviter un châtiment collectif ?

Deux solutions se présentaient : me rendre ou me faire dénoncer.

Je ne pouvais me rendre. C'était reconnaître l'autorité du sanhédrin. C'était me soumettre. C'était renier tout mon chemin.

Aujourd'hui, j'ai donc réuni les douze disciples les plus anciens. Mes mains et mes lèvres tremblaient car moi seul savais que nous étions ensemble pour la dernière fois. Comme tout Juif, en bon chef de maison, je pris le pain, le bénis avec mes prières et l'offris à mes convives. Puis, tout aussi ému, je bénis et distribuai le vin.

— Pensez toujours à moi, à nous, à notre histoire. Pensez à moi dès que vous partagez. Même quand je ne serai plus là, ma chair sera votre pain, mon sang votre breuvage. On est un dès que l'on s'aime.

Ils frémirent, surpris par ce ton.

Je regardai ces hommes rudes, dans la force de l'âge, et j'eus subitement envie d'être tendre avec eux. L'amour jaillissait à gros flots de mon cœur.

— Mes petits enfants, je ne suis plus avec vous que pour peu de temps. Bientôt le monde ne me verra plus. Mais vous, vous me verrez toujours, parce que je vivrai en vous et vous en vivrez. Aimez-vous les uns les autres comme je vous ai aimés. Il n'y a pas de plus grand amour que de donner sa vie pour ses amis.

Certains commencèrent à renifler. Je ne voulais pas que nous nous laissions gagner par l'attendrissement.

— Mes petits enfants, vous pleurerez d'abord mais votre affliction se changera en joie. La femme, lorsqu'elle enfante, passe par la souffrance, pourtant elle ne se souvient plus de ses douleurs dès qu'un homme nouveau est enfin né dans ce monde.

Puis – et ce fut le plus difficile – je dus mettre en branle mon plan.

— En vérité, je vous le dis, l'un de vous va bientôt me trahir.

Un frisson d'incompréhension les parcourut.

Ils se mirent immédiatement à se récrier, à protester.

Seul Yehoûdâh se taisait. Seul Yehoûdâh avait compris. Il devint plus pâle qu'un cierge. Ses yeux noirs me fixèrent.

Je soutins son attention pour lui faire comprendre que je ne pouvais demander qu'à lui, le disciple préféré, ce sacrifice qui précéderait le mien.

Nos regards retombèrent sur la table pendant que le festin reprenait. Ni lui ni moi n'avions la force de parler. Les disciples semblaient avoir déjà oublié l'incident.

Enfin, il se leva et vint près de mon oreille.

— Je sors. Je vais te vendre au sanhédrin. Faire venir les gardes au mont des Oliviers. Te désigner.

Je le contemplai et je lui dis, avec autant d'affection que je le pouvais :

— Merci.

Il se jeta alors contre moi, dépassé par ses émotions, m'agrippant comme si l'on allait nous séparer. Je sentis ses larmes couler, silencieuses, dans mon cou.

— Le troisième jour, tu reviendras. Mais je ne

serai plus là. Et je ne te serrerai pas dans mes bras.

Cette fois, ce fut moi qui le retins. Je chuchotai :

– Yehoûdâh, Yehoûdâh ! Que vas-tu faire ?

– Je vais me pendre.

– Non, Yehoûdâh, je ne veux pas.

– Si tu te fais crucifier, je peux bien me pendre !

– Yehoûdâh, je te pardonne.

– Pas moi !

Et il sortit en bousculant tout le monde.

Les autres disciples, ces bonnes pâtes naïves et tendres, n'avaient naturellement rien saisi de la scène.

Mais ma mère, assise dans un coin sombre, avait tout deviné. Les yeux très blancs, grands ouverts sur l'inquiétude, elle me fixait, me pressait de démentir. Comme je ne réagissais pas, elle sut qu'elle avait raison et une plainte de bête traquée s'échappa de sa gorge.

Je vins m'asseoir auprès d'elle. Aussitôt, elle voulut me rassurer, me faire comprendre qu'elle accepterait tout, qu'elle acceptait déjà. Elle me sourit. Je lui souris. Nous sommes restés longtemps ainsi, accrochés au sourire l'un de l'autre.

Je regardais ce visage sur lequel j'avais ouvert les yeux ; demain, je les fermerais aussi devant lui. Je regardais ces lèvres qui m'avaient chanté des berceuses ; je n'en aurais jamais embrassé d'autres. Je regardai cette vieille mère que j'aimais tant et je lui murmurai :

– Pardonne-moi.

Voilà. Je scrute la nuit.

Le ciel brille d'un noir féroce. Le vent m'apporte une odeur de mort, une odeur de cage aux lions.

Dans quelques heures, j'aurai achevé mon pari.

Dans quelques heures, on saura si je suis bien le témoin de mon Père, ou si je n'étais qu'un fou. Un de plus.

La grande preuve, l'unique preuve, n'adviendra qu'après ma mort. Je n'ai jamais vécu pour moi. Et je ne mourrai pas non plus pour moi.

Même si l'on m'assurait ce soir que j'ai tort, je referais le pari.

Car si je perds, je ne perds rien.

Mais si je gagne, je gagne tout. Et je nous fais tous gagner.

Mon Dieu, permettez-moi jusqu'au dernier moment de me montrer à la hauteur de mon destin. Que la douleur ne me fasse pas douter !

Allons, je tiendrai bon, je tiendrai ferme. Aucun cri ne m'échappera. Que je suis donc lent à croire ! Comme la nature se montre forte contre la grâce ! Allons, remettons-nous. Ce que je crains n'est rien en regard de ce que j'espère.

Mais voici la cohorte qui vient à travers les arbres. Yehoûdâh porte une lanterne et mène les soldats. Il s'approche. Il va me désigner.

J'ai peur.

Je doute.

Je voudrais me sauver.

Mon Père, pourquoi m'as-tu abandonné ?

L'Évangile selon Pilate

1

Dans une pièce sombre du fort Antonia, Pilate achève de dicter son courrier.

Au loin, par la prison d'une lucarne, monte la rumeur de Jérusalem et perce la lumière orientale, vert anis, du printemps.

Pilate, préfet de Rome en Judée, homme mûr d'une quarantaine d'années, au physique massif, à la virilité puissante, dégage une belle énergie qui contraste avec la placidité de Sextus, son scribe, dont le visage aux plis las et tombants révèle un fonctionnaire romain qui a blanchi sous le devoir.

Après avoir calligraphié les derniers mots, Sextus tend le rouleau à Pilate.

SEXTUS. Voulez-vous relire ce que vous avez dicté ?

PILATE. Donne.

Sextus sort, laissant Pilate seul.

PILATE. « Je hais Jérusalem. L'air qu'on y respire n'est pas de l'air mais un poison qui rend fou. Je hais Jérusalem mais il y a quelque chose que je hais plus encore : c'est Jérusalem pendant la Pâque. La ville s'engorge, s'épaissit, multipliant par cinq sa population de Juifs qui viennent adorer leur Dieu au Temple. Puisque la religion exige des sacrifices, des milliers d'animaux hurlent d'agonie ; des fleuves de sang coulent dans les rues ; des colonnes de fumée poissent les murs. Cette entêtante odeur de graisse fait croire que toute la ville elle-même rôtit sur un brasier, offerte en sacrifice à ce dieu unique, indifférent et goulu.

Comme chaque année, j'ai tout craint pendant ces trois jours. Mais comme chaque année, j'ai maîtrisé la situation. Pas d'incidents majeurs. Quinze arrestations et trois crucifixions. La routine.

Je vais donc pouvoir repartir apaisé à Césarée,

une ville romaine, carrée, qui sent bon le cuir et la caserne.

Mon cher frère, je te tends la main depuis la Palestine jusqu'à Rome. Pardonne la rusticité de mon style et porte-toi bien. »

À cet instant, Sextus, le secrétaire, apparaît, inquiet.

SEXTUS. Le corps a disparu.

PILATE. Le corps de qui ?

SEXTUS. Le magicien de Nazareth.

Pilate n'est pas sûr de comprendre.

SEXTUS. Le cadavre est sorti du tombeau.

2

Contrarié, un peu fébrile, Pilate dicte une nouvelle lettre à Sextus.

PILATE. « Encadré par une cohorte, j'ai chevauché immédiatement vers le cimetière.
Je m'approchai du tombeau, un sépulcre à la mode d'ici, comme tu n'en as sans doute jamais vu. En Palestine, on ne creuse pas la terre mais une paroi rocheuse où l'on ménage une grotte. Puis on ferme la caverne par une énorme pierre ronde qui tient lieu de porte.
Au matin, la meule avait été tirée sur le côté, bloquée par une cheville, laissant béante la moitié du tombeau. »

SEXTUS *(l'interrompant)*. Pourquoi l'a-t-on rouvert ?

PILATE. Les femmes voulaient y déposer des aromates, de la myrrhe et de l'aloès, comme présents au mort.

SEXTUS. Qui a roulé la pierre ?

PILATE. Les femmes aidées des gardes. *(Agacé.)* Écris. *(Il dicte.)*
« Je regardai la bouche d'ombre. S'il fallait réunir tant de forces pour rouler la pierre du tombeau, comment le magicien, tout seul, aurait-il pu le faire ? J'entrai dans la tombe. La grotte conduisait à une chambre où trois couches avaient été creusées à même le roc. Elles étaient toutes vides. Sur l'une seulement, il y avait les traces du magicien : des bandelettes, des onguents et surtout le suaire, un drap d'une très belle qualité, sali çà et là par les traces brunâtres des blessures. Il était soigneusement plié et posé au bord de la couche. »

SEXTUS *(l'interrompant)*. Pourquoi ?

PILATE. Pardon ?

SEXTUS. Pourquoi avoir rangé l'étoffe méticuleusement ? C'est absurde. Qui a pris la peine d'en faire un paquet ? Le magicien ?

Sextus accompagne sa remarque d'un petit rire moqueur.

Haussant les épaules, Pilate continue à dicter.

PILATE. « Je retournai au fort prendre les décisions qui s'imposaient : il fallait mettre la main sur les voleurs et retrouver le corps de Yéchoua. »

SEXTUS. Vous n'avez pas, en tant que préfet de Rome, à vous occuper d'une profanation de sépulture juive. L'affaire relève du grand prêtre Caïphe : elle n'appartient pas à notre juridiction.

PILATE. Je dois assurer la sécurité.

SEXTUS. La sécurité des vivants, Pilate, pas la sécurité des cadavres. Encore moins celle des cadavres juifs. Et surtout pas le cadavre d'un Juif criminel.

PILATE. Yéchoua n'était coupable de rien.

SEXTUS. Vous l'avez pourtant crucifié.

Pilate a un geste de rage.

PILATE. Tu n'imagines pas l'épaisseur des emmerdements qui nous attendent si nous ne retrouvons pas immédiatement cette charogne. Si on laisse croire que le magicien est revenu *seul* à la vie, a roulé *seul* la pierre de son tombeau, les auteurs du larcin pourraient créer un mouvement de foi tellement fort que bientôt tout le peuple d'Israël n'aura plus que le nom de Yéchoua à la bouche. Car ici les sectes religieuses cachent toujours un propos politique. Depuis que Rome a imposé son ordre, ses troupes, son administration, l'enthousiasme religieux est devenu l'autre nom du nationalisme, le refuge sacré où s'élabore la résistance à César. Je soupçonne certains Juifs de s'affirmer juifs pour signifier seulement : je suis contre Rome. Si nos visiteurs de sépulcre réussissent leur spectacle, ils rassembleront tout le peuple contre nous. En un mot, si nous ne retrouvons pas les plaisantins qui se sont payé la gueule du monde entier cette nuit, demain tout Israël est à feu et à sang, et nous pouvons reprendre le bateau pour Rome à condition que nous n'ayons pas été massacrés avant d'atteindre le port de Césarée ! Suis-je clair ?

3

Avec simplicité, Pilate continue à raconter son enquête en dictant à Sextus.

PILATE. « L'après-midi d'hier, mes hommes avaient retrouvé la trace des disciples. Les sectateurs du magicien s'étaient réfugiés dans une ferme abandonnée, non loin de Jérusalem.
On rangea les hommes devant moi. Leurs corps me jetaient au nez une puissante odeur animale, l'odeur de la peur panique, l'odeur de ceux qui vont mourir.
– Où est le corps ?
Aucun ne répondit.
– Où est le corps ?
Ils me regardaient par en dessous, de plus en plus terrorisés.
L'un d'eux tomba à genoux devant moi.

– Pitié, Seigneur, pitié. Nous nous sommes laissé avoir par les promesses de Yéchoua. C'est lui qui critiquait le Sabbat, pas nous. C'est lui qui a chassé les vendeurs et marchands du Temple, pas nous. Depuis qu'il est mort sans réagir sur une croix, comme un voleur, nous avons mesuré notre erreur. Nous n'aurions jamais dû le suivre. Pitié.

Ils arboraient de vraies têtes de cocus outragés.

– Où étiez-vous cette nuit ?

– Ici.

Ils semblaient sincères. Des menteurs n'auraient pas montré des attitudes aussi coupables. Des menteurs auraient brandi avec force leur alibi.

J'ordonnai à mes hommes de fouiller la bergerie et les alentours. Ils ne trouvèrent pas le cadavre.

Tout cela commençait à me fatiguer. Il était évident que les disciples n'avaient même pas conscience de ce que nous cherchions : selon eux, nous n'étions venus que pour les arrêter, leur avenir se bornant à la prison du fort Antonia, au procès du sanhédrin et, sans doute, à la mort.

À cet instant, une forme blanche apparut sur le chemin. Accourant de Jérusalem, arrivait un jeune homme brun en proie à une émotion extrême. Il se précipita vers les disciples et leur cria :

— Yéchoua n'est plus dans son tombeau.

Puis il s'approcha de mon cheval et rit de bonheur.

— Bonjour, Ponce Pilate. Je suis Yohanân, le fils de Zébédée. Je viens annoncer à mes amis ce que Jérusalem sait désormais : Yéchoua a quitté son tombeau.

Je toisai les disciples.

— Rentrez chez vous, reprenez votre travail et cessez de colporter que son cadavre a disparu. Dans quelques heures, nous l'aurons retrouvé et nous châtierons les voleurs.

Yohanân éclata de rire.

— Je sais qui a pris le corps de Yéchoua.

— Comment le sais-tu ?

— C'était prévu, il y avait un plan.

— Intéressant. Eh bien ?

— Tout s'est déroulé dans l'ordre.

— Intéressant. Et qui a volé le cadavre ?

— L'ange Gabriel. »

Pilate et Sextus se mettent à rire. Cela leur paraît si énorme que l'hilarité les secoue.

SEXTUS. L'ange Gabriel ?

PILATE. L'ange Gabriel ?

Ils s'esclaffent davantage.

SEXTUS. Votre frère va-t-il comprendre ?

PILATE. Écris. « Sache que les anges – une spécialité d'ici au même titre que les oranges, les dattes ou le pain sans levain – sont des messagers du Dieu unique, des créatures spirituelles qui prennent des formes humaines, une troupe de soldats immatériels. »

SEXTUS. ... et sans sexe !

PILATE. « Pour aller et venir entre le ciel et la terre, ils empruntent une échelle. »

SEXTUS. ... que je n'ai jamais vue.

PILATE. « Ils sont naturellement très anti-Romains aujourd'hui, comme ils furent anti-Égyptiens dans le passé car ils se solidarisent magnifiquement avec les juifs dans toutes leurs querelles. Ces étranges créatures, bien que personne ne les appelle, ont néanmoins un prénom dont la terminaison "el" indique qu'ils viennent de Dieu. Mikaël, Raphaël, Gabriel. »

SEXTUS *(gravement)*. La Judée rend fou.

PILATE. Écris. « Le paradoxe de cette terre sèche, nette, parfois désertique, sans brume et sans nuages, est qu'elle produit des brouillards de pensée. »

SEXTUS *(hochant la tête en confirmation)*. La Judée rend fou.

Soudain Pilate a une idée. Il se tourne vers Sextus.

PILATE. Je sais où est le cadavre !

SEXTUS. Où ?

4

Pilate, excédé, tente d'achever sa lettre, seul dans la solitude de la nuit.

Il rejette brutalement la plume et se prend la tête entre les mains.

PILATE. Il est mort, je n'ai plus rien à craindre ! Évidemment !

Il se lève et marche avec nervosité.

PILATE. Quelque chose est allé trop vite dans cette histoire, je n'ai pas rendu ma justice, la justice de Rome, mais j'ai exécuté la leur, la justice des sadducéens approuvée par les pharisiens. Pendant le procès, Claudia Procula ne s'était pas gênée pour me le reprocher.

Il retourne écrire.

PILATE. « – Tu ne peux pas faire ça, Pilate, tu ne peux pas faire ça. Sans Yéchoua, je ne serais plus de ce monde.

Elle faisait allusion à la maladie qui l'avait tenue alitée dans notre chambre pendant des mois. Claudia perdait lentement son sang. L'hémorragie qui, d'ordinaire, dure quatre jours par mois chez les femmes, ne cessait plus. J'avais convoqué tous les médecins de Palestine, des Romains, des Grecs, des Égyptiens et même des Juifs : en vain ! Son visage avait perdu sa vie, sa coloration, la pâleur de ses lèvres m'effrayait.

Appelé par une servante, le magicien Yéchoua passa un après-midi auprès d'elle. Le soir même, le sang avait cessé de s'échapper du corps de Claudia. Yéchoua ne l'avait pas touchée, il n'avait appliqué aucun onguent : il avait simplement parlé avec elle.

– Yéchoua m'a sauvée. Pilate, sauve-le à ton tour. Il a sauvé ton épouse !

– Je vais le faire fouetter en public. D'ordinaire, une bonne giclée de sang suffit à satisfaire la soif d'une foule.

Mais la scène de flagellation ne produisit pas du

tout l'effet escompté. Le condamné subissait les coups sans crier ni broncher, comme indifférent. La foule s'excitait contre lui, trouvant l'acteur nul. Comme il n'apaisait pas son appétit de spectacle, elle réclama sa mort.

Je songeai alors à une ruse. J'interpellai la populace et lui rappelai la coutume voulant que, pendant les fêtes de la Pâque, le préfet de Rome relaxât un prisonnier. Je lui proposai donc de choisir entre Barabbas et Yéchoua. Je ne doutais pas de sa réponse, Yéchoua étant populaire et inoffensif tandis que Barabbas, un brigand qui avait volé tout le monde et violé beaucoup de filles, était dangereux et craint. Il passait au cachot sa dernière journée puisque dans l'après-midi, on devait le crucifier en compagnie de deux autres larrons de moindre envergure.

Les gens se taisaient, surpris. Ils regardaient Yéchoua, écroulé, tête basse, en sang, puis Barabbas, bien planté de manière arrogante sur ses jambes fortes, tout en muscles et en peau brune, qui les défiait crânement.

Les voix s'enflèrent en une rumeur, d'abord murmurée, puis prononcée, puis clamée, puis hurlée : Barabbas ! Barabbas ! Barabbas !

Je ne comprenais pas. J'étais révolté, déçu,

écœuré mais je devais obéir. Engagé vis-à-vis d'eux, je n'avais plus les mains libres. Je décidai de me les laver devant eux.

Sur mon estrade, au-dessus des têtes vociférantes, j'accomplis le geste rituel qui signifie "cela ne me regarde plus". Dans le liquide clapotant de la bassine en cuivre, se décomposait un fragment d'arc-en-ciel.

En jetant un dernier coup d'œil aux prisonniers avant de rentrer dans le fort, je saisis soudain ce qui avait modifié le destin des deux hommes, poussant l'un sur la croix, l'autre hors de prison : Barabbas était beau, Yéchoua était laid. »

Pilate se lève. Le reste, il ne va pas l'écrire à son frère, il va seulement le murmurer dans la nuit.

PILATE *(pour lui-même).* Dans sa chambre, Claudia m'attendait. J'ai baissé les yeux. Je n'osais plus soutenir le regard de cette femme que j'adore et à qui je dois ma carrière. Non seulement Claudia, une aristocrate, a voulu épouser le lourdaud que je suis contre l'avis de tous les siens mais encore elle a obtenu de cette même famille que je sois nommé à un poste important, préfet de Judée. Depuis toujours, je l'aime avec étonnement, épaté qu'une femme pareille m'ait préféré, moi, et continue à le faire.

— J'ai échoué, Claudia.

— Tu ne pouvais rien, Pilate. Il ne nous a pas aidés. Par son comportement, il a appelé la mort sur lui. Il ne nous reste plus qu'à attendre, conclut Claudia.

— Attendre quoi ? Dans quelques heures, il sera mort.

— Il nous reste à attendre ce que, par sa mort, il veut nous dire.

Pilate interroge la nuit comme si elle pouvait l'aider à comprendre cette phrase.

Puis il se répète ses premiers mots pour se convaincre qu'il a raison.

PILATE. Il est mort, je n'ai plus rien à craindre. Évidemment.

Une véritable inquiétude perce sous ses mots.

5

C'est le matin. Pilate dicte à Sextus.

PILATE. « Je mis le cap sur le domaine agricole où prospérait le riche et respecté Yoseph d'Arimathie. Au soir de la crucifixion, Yoseph était venu me demander le droit de décrocher Yéchoua, de l'embaumer et de l'ensevelir dans le tombeau tout neuf qu'il venait de faire aménager. Sur le moment, je n'avais pas imaginé que ce bon père de famille jetait les premières bases d'un plan tortueux ; désormais, je le soupçonnais d'avoir escamoté le cadavre.
Notre troupe passa le portail du domaine et le trouva déserté. À l'intérieur de la bâtisse, les coffres étaient ouverts, les sacs éventrés, les meubles renversés, les paillasses déchirées.
En m'approchant de la cave, j'entendis des

gémissements : tous les gens de la ferme, femmes, hommes, enfants, vieillards, gisaient, ligotés et bâillonnés, au milieu des jarres.

Je défis moi-même les liens de Yoseph et le soutins pour remonter au jour.

– Yoseph, qu'est-il arrivé ?

– Des hommes sont venus. Ils recherchaient le cadavre. Ils avaient fait le même raisonnement que toi, Pilate.

– Qui était-ce ?

– Ils étaient masqués. »

Réagissant à cette remarque, Sextus l'interrompt.

SEXTUS. Masqués ? Si les hommes étaient masqués, c'est qu'ils pouvaient être reconnus par Yoseph.

PILATE. Naturellement. Et si Yoseph pouvait les reconnaître, c'est qu'ils étaient de Jérusalem.

SEXTUS. Qui, à Jérusalem, voudrait récupérer le cadavre pour empêcher tout culte posthume ?

PILATE. Ceux qui ont condamné Yéchoua. Moi... et le sanhédrin.

SEXTUS. Vous croyez que Caïphe...

PILATE. Je crois.

SEXTUS. Caïphe, le grand prêtre...

PILATE. Caïphe, évidemment.

Il lui fait signe de reprendre la dictée.

PILATE. « — Dis-moi, Yoseph, les brigands sont-ils repartis bredouilles ?
— Bredouilles. Yéchoua n'était pas là. Maintenant, Pilate, il ne nous reste plus qu'à attendre.
— Attendre quoi ?
— Yéchoua n'était pas un homme ordinaire. Sa vie ne fut pas ordinaire. Sa mort ne le sera pas non plus.
— Pourquoi as-tu voté sa mort avec le sanhédrin si tu l'estimais tant ?
— Caïphe avait pris Yéchoua en grippe, il lui reprochait de blasphémer et, ce qui est plus grave, de blasphémer en se faisant applaudir du peuple. Tout le conseil percevait en Yéchoua un danger pour l'institution du Temple. Au moment du vote, alors que je voulais l'épargner, Yéchoua s'est tourné vers moi, comme s'il m'entendait penser.

Ses yeux m'ont dit clairement : "Yoseph, ne fais pas cela, vote la mort, comme les autres." Je ne voulais pas lui obéir mais résonnait de plus en plus fort au fond de mon crâne ce que son regard me criait. Il ne me lâchait plus, comme si j'étais sa proie. Alors je lui ai cédé. J'ai voté sa mort. »

SEXTUS. L'unanimité du sanhédrin était-elle nécessaire ?

PILATE. Non. La majorité aurait suffi.

Pilate poursuit son récit.

PILATE. « – Yoseph, comment, alors que rien ne t'y contraignait, as-tu pu condamner un innocent ? Yoseph ne parut pas ébranlé par mon discours. Il me répondit simplement :
– Si Yéchoua avait été un homme, j'aurais condamné un homme juste. Mais Yéchoua n'était pas un homme.
– Ah bon ? Et qui d'autre ?
– Le Fils de Dieu. »

Sextus ne peut s'empêcher de ricaner. Pilate apprécie ce commentaire persifleur et achève, plus décontracté :

PILATE. « Vois-tu où je me trouve, mon cher frère ? Sur une terre où, non seulement on voit des Fils de Dieu dans la rue, parmi les pastèques et les melons, mais où encore on les condamne, ces Fils de Dieu, à mourir crucifiés sous un soleil ardent ! Sans doute est-ce le meilleur moyen de gagner les faveurs du Père ! »

Servile, Sextus commente le mot avec un sourire complaisant.
Pilate le regarde et avoue, penaud :

PILATE. En tout cas, me voici sans nouvelle piste...

SEXTUS *(fataliste)*. Le cadavre pourrit.

PILATE. Il pourrit aussi les esprits de Palestine. Peut-être... Peut-être devrais-je m'associer à Caïphe pour continuer les recherches. Oui. Convoque-moi le grand prêtre.

SEXTUS. À vos ordres.

Sextus se lève et salue.
Juste avant qu'il ne passe la porte, Pilate l'arrête.

PILATE. Que fais-tu ici, Sextus ? Pourquoi as-tu demandé un poste en Judée ? Avant, tu travaillais à Alexandrie et voilà maintenant que tu demandes une mutation à Damas. Pourquoi ?

SEXTUS. Dois-je répondre la vérité ?

PILATE. Tu ne te plais pas auprès de moi ?

SEXTUS. Cela n'a rien à voir avec vous, préfet. C'est... C'est à cause des oracles !

PILATE. Des oracles ?

SEXTUS. Depuis toujours, j'ai la curiosité des devins, des pythiens, voyants et mages, bref, je m'intéresse à l'avenir et à ses sciences.

PILATE. Eh bien ?

SEXTUS. J'ai consulté les voyants les plus divers et, à ma grande surprise, pour la première fois, leurs prédictions concordent : le monde s'achemine vers une ère nouvelle ! En ce moment, un âge succède à un autre. Tous les astrologues le confirment, qu'ils soient d'Alexandrie, de Chaldée ou bien de Rome.

PILATE. Que veux-tu dire ?

SEXTUS. Un roi va apparaître. Un nouveau souverain. Un homme jeune qui deviendra le chef du monde. Son royaume s'étendra sur toute la terre.

PILATE. Où va-t-il se manifester ?

SEXTUS. Par ici. À l'orient de notre mer.

Pilate, quoique sceptique, se prend au jeu.

PILATE. Y a-t-il d'autres indices ?

SEXTUS. Cet homme appartient au signe des Poissons.

PILATE. Notre empereur Tibère ?

Sextus a un rire poli.

SEXTUS. Tibère est déjà trop vieux. En rassemblant toutes les informations, j'ai calculé que l'homme providentiel a vu le jour sous la conjonction de Saturne et de Jupiter, dans la constellation des Poissons.

PILATE. C'est-à-dire ?

SEXTUS. Ce roi est né en 750. Il doit avoir aujourd'hui trente-trois ans.

PILATE. Ici ?

SEXTUS. Par ici. Les indications ne sont pas si précises.

Pilate, songeur, approuve de la tête. Sextus conclut.

SEXTUS. Puisqu'il ne se trouve pas en Judée, je voudrais me rendre en Syrie.

PILATE. Bien sûr. Je t'y aiderai, Sextus.

Sextus remercie de la tête et, croyant que la conversation est finie, s'apprête à sortir.
Pilate l'arrête encore au dernier moment.

PILATE. Sextus, il ne t'est jamais venu à l'idée que les oracles parlaient de... Yéchoua ?

SEXTUS *(riant).* Le magicien ? Non ! Quelle drôle d'idée. J'attends un roi, un général, un conquérant, pas un mendiant.

PILATE. Il entraîne tout le monde après lui. Sans

armes, sans cantines, il a constitué une armée de fidèles.

SEXTUS *(négligeant l'objection).* Il est mort.

PILATE. Il a l'âge annoncé par les oracles.

SEXTUS. Il est mort.

PILATE. Il ne s'adresse pas qu'aux Juifs, mais aux Samaritains, aux Égyptiens, aux Syriens, aux Assyriens, aux Grecs, aux Romains, à tout le monde.

SEXTUS. Il est mort.

PILATE. Lorsqu'il parle du Royaume, il parle d'un royaume universel où chacun est convié.

SEXTUS. Il est mort.

PILATE *(se ressaisissant).* Oui. Il est mort.

SEXTUS. Oui. Ce ne peut être lui puisque vous l'avez tué. Je dois convoquer Caïphe.

Sextus sort.
Pilate, resté seul, réfléchit.

PILATE. Bien sûr. Ce ne peut être lui puisque

nous l'avons tué. *(Il secoue la tête.)* Sottises ! Des oracles ! Des devins ! Le roi du monde...

Sextus revient précipitamment vers Pilate, assez inquiet.

SEXTUS. Yéchoua, il a réapparu !

Pilate ne comprend pas tout de suite.

PILATE. Bien ! On a retrouvé le cadavre.

SEXTUS. Non. Vous ne m'avez pas compris : Yéchoua a réapparu ! Vivant !

PILATE. Vivant ?

SEXTUS. Vivant !

6

Avec sévérité, Pilate dicte sa lettre. On sent qu'il en veut à Sextus de lui avoir fait croire, un instant, à cette résurrection. Il s'adresse autant à son frère qu'à son scribe.

PILATE. « Évidemment, ce n'était qu'une rumeur. Rien qu'une simple rumeur. Le grand prêtre Caïphe, par esprit de coopération, avait tenu à m'en avertir.

La foule nous porta jusqu'au palais d'Hérode. Sur une estrade, une très jeune fille entourée de plusieurs nourrices regardait la foule avec des yeux immenses, des yeux élargis par des drogues, des yeux trop fixes de pythie qui hypnotisent.

– C'est elle, la princesse Salomé ? m'étonnai-je.

Caïphe approuva. J'étais déçu. J'insistai.

– Celle qui a fait couper la tête d'un ermite ?

– Oui.

– Elle est beaucoup moins bien qu'on le dit.

– C'est ce qu'on croit d'abord, répondit Caïphe. Salomé devait avoir seize ans. Ce n'était pas une femme, c'était l'esquisse d'une femme. Elle parlait bas pour qu'on s'approche. Une fois sous ses jambes et dans son parfum, je me sentis pris dans un filet. »

Pour raconter la suite et pour taquiner Sextus qui avait pris l'histoire au sérieux, Pilate va mimer Salomé dansant et murmurant son récit.

PILATE. « Elle parlait d'elle en se nommant, comme si elle était devenue une spectatrice hallucinée de sa propre vie.

– Salomé allait rentrer au palais, le palais grand et sombre sous la lune. Salomé revenait du cimetière où elle avait pleuré la mort de Rabbi. Salomé était triste, et le soir était froid, et la terre était noire. Tout d'abord, Salomé ne vit pas l'homme sous le porche. Mais la voix l'arrêta : "Pourquoi pleures-tu Salomé ?" L'homme était grand et mince, un capuchon d'ombre sur la tête. Salomé ne répond pas d'abord aux inconnus. Mais la voix ne laisse pas passer Salomé. "Tu pleures Yéchoua, je le sais, et tu as tort. – De quoi te mêles-tu ? Je pleure qui je veux !" L'homme s'approcha et Salomé éprouva un grand trouble. "Tu ne dois plus pleurer Yéchoua. S'il était mort hier, aujourd'hui il est ressuscité." L'homme se tenait tout près, ses grandes mains pendantes. Sa voix rappelait quelque chose, ses yeux aussi. Mais la pénombre du palais haut et sombre avait couvert les yeux de Salomé. "Qui es-tu ?" Alors il enleva sa capuche et Salomé le reconnut. Elle tomba à genoux. "Salomé, relève-toi. C'est toi que j'ai choisie pour être la première. Tu as beaucoup péché, Salomé, mais je t'aime, et je t'ai pardonné. Va porter la bonne parole à tous les hommes. Va !" Mais Salomé pleurait trop pour bouger et lorsqu'elle essuya ses larmes, il n'était déjà plus là. Mais j'ai reçu la bonne nouvelle : Yéchoua m'aime. Il est revenu. Il est ressuscité. Et Salomé dira et redira la Bonne Nouvelle à tous les hommes. »

Sextus, même s'il perçoit que Pilate se moque de lui, ne peut s'empêcher de demander :

SEXTUS. Qu'est-ce qu'elle raconte ?

PILATE. Un gazouillis incohérent selon lequel elle aurait vu Yéchoua vivant. Au début, elle ne le remet pas mais il a une bonne nouvelle pour elle : il l'aime !

SEXTUS. Qui cela intéresse-t-il ?

PILATE. Personne. Les hommes se rinceront l'œil, les femmes médiront, rien d'autre. Cette fille est folle, tout simplement, c'est la folle de la maison d'Hérode. Chacun en a une dans sa famille ou dans son village. Écris. « La rumeur de résurrection n'ira pas plus loin. »

Il tend le bras pour relire le parchemin puis fait signe à Sextus qu'il peut disposer. Sextus salue et sort.
Au-dehors, le crépuscule a rendu mauve le ciel.
Pour lui tout seul, Pilate continue le récit. La suite, il ne l'avoue qu'à son frère lointain car il ne souhaite pas que Sextus l'entende.

PILATE. Au moment où je quittais Caïphe, celui-ci me retint par le bras. Une femme avançait sur un âne, une très belle femme mûre, aux lèvres fines, un de ces visages si dessinés que, même de face, ils vous donnent le sentiment de se tenir de profil.

Caïphe murmura son nom : « Myriam de Magdala ». Une prostituée du quartier nord.

Les femmes accouraient au-devant d'elle, comme attirées par la force qui en émanait.

– Je l'ai vu ! Je l'ai vu ! Il est ressuscité !

La femme brune disait cela d'une voix grave et chaude, aussi sensuelle que son œil charbonné et ses longs cils étonnés.

Elle descendit de sa monture et embrassa ses compagnes.

– Réjouissez-vous. Il est ressuscité. Où est sa mère ? Je veux le lui dire.

On s'écarta.

D'une pauvre maison de pisé, une paysanne sortit. Sa vieille face portait les peines d'une vie de travail, les fatigues d'une existence difficile et les bouffissures de chagrins récents. Cette mère qui venait de perdre un de ses fils dans un supplice humiliant trouvait encore la force d'ouvrir les bras à qui venait la visiter.

La prostituée tomba à ses pieds.

– Myriam, ton fils vit ! Je ne l'ai pas reconnu tout de suite. La voix m'était familière, les yeux aussi. Mais il portait un capuchon. Comme tout ce que me disait cet homme m'allait droit au cœur, je me suis approchée. C'est alors que je l'ai identifié. Il m'a embrassée et il m'a dit : « Va annoncer la Bonne Nouvelle au monde entier. Yéchoua est mort pour vous tous et, pour vous tous, il est ressuscité. » Ton fils vit, Myriam ! Il est vivant !

La veuve ne bougeait plus. Elle écoutait en silence les paroles de la Magdaléenne. Loin d'être soulagée, elle semblait accablée. Je crus qu'elle allait s'effondrer.

Puis deux larmes, lentement, se lovèrent sur ses paupières rougies. C'était, enfin, le chagrin qui partait, qui allait s'écouler. Mais aucun sanglot ne descendit. La lumière des yeux changea, revint à la vie, et maintenant brillait dans ce masque de peau plissée son magnifique, son éblouissant, son grand, son bel amour pour son fils, radieux comme une aube sur la mer.

Caïphe serra mon bras si fort que je crus qu'il me mordait.

– Nous sommes perdus !

Je n'eus pas la force de lui répondre. Je le plantai là et rentrai en courant au palais. Quelque chose m'avait ému sur cette place, que je ne pouvais pas lui dire et que je n'avouerai qu'à toi : dans les yeux de cette vieille Juive, j'avais retrouvé, un instant, le regard de notre mère.

Lumière du jour.
Pilate et Sextus, inoccupés, sont maussades.

SEXTUS. Deux de plus !

PILATE *(pensif)*. Oui, deux de plus...

SEXTUS. Les pèlerins qui s'approchaient d'Emmaüs racontent la même apparition.

PILATE. Posons méthodiquement, un à un, côte à côte, les éléments. Derrière ces signes, il faut que je trouve la pensée qui les organise et qui me tend un piège.

SEXTUS *(ne comprenant pas)*. Oui...

PILATE. Première chose suspecte : la trop grande ressemblance des récits. Sextus, tu connais comme moi la nature humaine : aucun témoin ne rapporte jamais la même chose. La disparité, la contradiction des témoignages sont souvent les seuls indices de leur authenticité. Ici, ça pue le mensonge.

SEXTUS. Ah bon ?

PILATE. Quelqu'un a fait répéter consciencieusement les faux témoins.

SEXTUS. Qui ?

Pilate fait les cent pas en réfléchissant.

PILATE. Salomé, Myriam de Magdala... *(Soudain il trouve.)* Hérode !

SEXTUS. Hérode !

PILATE. Oui ! Hérode !

SEXTUS. Mais pourquoi ?

PILATE. Salomé voit Yéchoua en rentrant au petit palais d'Hérode ! Myriam de Magdala le rencontre dans les jardins de Yasmeth, des plantations qui appartiennent à la famille d'Hérode ! Enfin

Emmaüs se trouve être la résidence d'été qu'Hérode affectionne ! Hérode ! Hérode !

SEXTUS. Certes, mais pourquoi ?

PILATE. Depuis la mort de son père, la Palestine a été divisée en quatre. Des quatre frères, c'est lui le seul valable, le seul capable. Il dirige très bien la Galilée, sa portion. Je dois la Judée à l'incompétence de son frère. Il rêve que sa nation soit de nouveau une, sous la direction d'un seul roi, avec une seule foi. Pour la foi, il a choisi Yéchoua, ou plutôt le culte de Yéchoua. Puisqu'il n'est pas arrivé à le manipuler de son vivant, il cache son cadavre au palais, le seul endroit de Jérusalem avec le Temple que mes hommes n'ont pas l'autorisation de fouiller, puis il décide de créer la légende de Yéchoua. Il glisse son récit de résurrection dans l'oreille de Salomé, de Myriam, et des deux pèlerins d'Emmaüs.

SEXTUS. C'est lumineux.

PILATE. En route pour le palais d'Hérode !

8

Pilate, bougon, dicte à Sextus.

PILATE. « Sur un grand lit, exposé comme on expose un mort, Hérode gisait. Je me penchai sur sa face grasse où fards et poudres, coagulés par la sueur, se fendaient en croûte sur la vieille peau ridée.
En percevant son souffle régulier, je lui pinçai durement le bras. Le corps ne bougea pas, le visage n'eut même pas un frémissement.
Une voix coupante s'éleva du fond de la pièce :
– Il ne dort pas. Sinon, il ronflerait.
La reine Hérodiade se tenait entre deux chandeliers monumentaux, le corps sanglé dans une robe d'apparat, le visage éclaboussé de poudre. À vouloir trop nier le temps, elle l'avait précipité. Perruques et fards substituaient au visage d'une

belle femme de quarante ans un masque sans âge.

– Il n'est pas mort, dit-elle, mais il s'est enfoncé dans un sommeil dont on ne peut plus le sortir.

– Est-ce dangereux ?

– Je l'espère. Je n'ai épousé ce goret puant et faisandé que pour devenir sa veuve.

– Toujours aussi amoureuse, à ce que je vois.

– Toujours, répondit paisiblement Hérodiade.

– Quand cela est-il arrivé ?

– Quand on lui a appris la rumeur concernant la résurrection du magicien. Cela a réveillé toutes ses craintes. Tu connais Hérode, Pilate : il est profondément religieux, il a la foi de ses ancêtres et ne dérogera jamais à la Loi. Il a déjà très mal supporté que je lui aie extorqué la mort de Yoha-nân le Plongeur en qui il voyait un inspiré véri-table. Il ne me touchait plus depuis longtemps ; or depuis cet épisode, il ne me parlait plus non plus. Lorsque Yéchoua est apparu, annoncé par Yohanân comme le véritable Messie, Hérode a mis beaucoup d'espoir en lui. Voulant l'aider, il lui a proposé de l'argent pour activer son prêche. Yéchoua s'en moquait. Hérode ne se vexait pas. Il voyait, une à une, les prophéties se réa-liser, confirmant l'identité de Yéchoua. Lorsque

Yéchoua fut arrêté, Hérode n'eut pas peur un instant : il était tellement persuadé de sa nature divine qu'il imaginait Yéchoua terrassant ses adversaires, faisant surgir une barrière de feu entre ses juges et lui, ou n'importe quel autre prodige. Lorsque ses espions lui apprirent que le sanhédrin était en train de voter sa mort à l'unanimité, Hérode est intervenu. Il s'est servi d'arguments juridiques pour envoyer le Nazaréen chez toi, puis ici. Et cette nuit-là... Rien ne se passa comme prévu, Pilate, rien. Hérode reçut fort gentiment Yéchoua en lui annonçant qu'il allait le sauver. Yéchoua lui répondit que personne, et surtout pas lui, Hérode, ne pouvait le sauver ; il devait accomplir son destin, c'étaient les hommes qu'il devait sauver, et non pas lui-même. Nous n'y comprenions rien. Yéchoua souhaitait mourir, il disait que rien n'arriverait sans ce passage par la mort. Il nous sembla déprimé, au plus bas de lui-même, un homme qui ne veut plus avancer. Inquiets, nous lui avons demandé de se ressaisir, de nous faire des prodiges. Il ne répondait qu'une chose : qu'il devait mourir et qu'il agoniserait dans des conditions atroces. Moi, je m'étais toujours doutée qu'il n'était qu'un imposteur mais Hérode, cette nuit-là, pour la première fois, accéda à cette idée. Il est entré dans une colère terrible, s'est mis à insulter Yéchoua, le sommant de faire un miracle devant nous. Le Nazaréen ne réagit même pas, prostré, les épaules basses, comme un escroc en bout de course. Hérode a ameuté tout le palais, les courtisans, les gardes, les domestiques, les esclaves ; chacun s'est déchaîné sur Yéchoua en se moquant de lui, en l'injuriant, en le déguisant en femme. Nous attendions une réaction. Nous poussions la provocation au plus loin pour obtenir une réponse. Au lieu de cela, amorphe comme une poupée de son, le Nazaréen se laissait faire. Il fut piétiné, insulté, fardé, attouché, embrassé, palpé, avec dans les yeux une tristesse soumise qui redoublait la rage de ses agresseurs. Enfin, au comble du dégoût et de la désillusion, nous te l'avons renvoyé, Pilate, dans l'état que tu sais, et couvert de cette fausse pourpre royale, ce manteau déchiré et souillé, pour nous moquer ultimement de sa prétention à fonder le Royaume et te signifier qu'il ne s'agissait que d'un imposteur méprisable. Je dois d'ailleurs te dire que, si nous n'étions pas convenus auparavant de te le rendre, nous l'aurions mis en pièces et tué ici même cette nuit-là.

Hérodiade soupira longuement. Elle regrettait cette exécution différée. Un appétit de tuer habitait cette femme étrange.

– Alors, Pilate, tu comprends qu'hier, en apprenant la rumeur de sa résurrection, Hérode a dû imaginer avoir frappé pour la deuxième fois un envoyé de Dieu, la terreur a dû l'envahir de nouveau et l'expédier en sommeil sur ces terres inconnues, désertes et silencieuses, où il se réfugie lorsqu'il n'a plus le courage de vivre.

– Veux-tu que je t'envoie mon médecin, afin de veiller à la santé d'Hérode ?

Hérodiade eut une moue de mépris.

– Ne t'en fais pas, Hérode tient de la mauvaise plante, solide, indéracinable, qui n'a même pas besoin de printemps pour refleurir toujours.

Sur ces mots, sa bouche se tordit dans un rictus de vomissement. Décidément, Hérodiade haïssait passionnément Hérode. »

Pilate et Sextus se regardent.

SEXTUS. Avez-vous une nouvelle piste ?

PILATE. Aucune. Je ne vois ni qui ni comment.

SEXTUS. Moi, ce qui me frappe dans les témoignages, c'est que les hommes et les femmes ne reconnaissent pas immédiatement Yéchoua. L'homme porte un capuchon, il ne l'enlève que brièvement puis il disparaît.

PILATE *(spontanément)*. Ce que ferait un sosie qui utiliserait une faible ressemblance. *(Prenant conscience de ce qu'il vient de dire.)* Pardon ?

SEXTUS. Pardon ?

PILATE. Qu'est-ce que j'ai dit ? *(Ravi.)* Un sosie, un sosie !

SEXTUS. Je ne comprends pas.

PILATE. Un homme joue le rôle de crucifié ressuscité !

Sextus soupèse trop lentement cette idée.

PILATE *(enthousiaste)*. Naturellement. Yéchoua pourrit quelque part tandis qu'un imposteur a repris son rôle.

SEXTUS. Mais qui ?

PILATE. Plutôt que chercher qui joue le double,

demandons-nous plutôt à qui le double doit apparaître prochainement.

Sextus demeure interloqué.

PILATE. L'escroc a commencé à jouer sa farce à Salomé qui fréquentait très peu Yéchoua ; puis aux pèlerins d'Emmaüs qui avaient suivi Yéchoua plusieurs semaines. Alors, encouragé par ce succès, il s'enhardit et s'approche de Myriam de Magdala qui côtoyait le Nazaréen depuis des années. Nul doute que désormais, il se risque auprès du noyau central : il va tenter une apparition auprès des intimes de Yéchoua.

Sextus contemple Pilate avec admiration.

PILATE. Nous serons là !

9

Quoique la nuit soit très avancée, Pilate, victorieux, dicte à Sextus. La pièce rougeoie à la lueur des flambeaux.

PILATE. « Je ne te ferai pas languir mon cher frère : l'homme gît sous mes pieds, dans une geôle du fort Antonia. En ce moment, il fait des prières. Il s'agit de Yohanân, le fils de Zébédée, celui-là même qui était revenu en courant vers les disciples pour leur annoncer la disparition du cadavre, celui-là même qui voulait y voir l'intervention de l'ange Gabriel. Nous l'avons capturé pendant la nuit alors qu'il rôdait autour de la maison de Myriam, la mère du magicien. Encapuchonné comme un voleur, il avait coupé sa barbe et frotté ses paupières au charbon. Ainsi modifié, il ressemble à son maître.

Il ne s'est même pas débattu et lorsque je l'ai interrogé, il a tout nié.

– Allons, Yohanân, un Juif pieux ne se rase pas.

– Tu nous as interdit, à nous tous les disciples, de remettre les pieds à Jérusalem. Oui, je me dissimule pour échapper à la surveillance de tes hommes, mais je ne me fais pas passer pour Yéchoua.

– Alors pourquoi te rendais-tu chez sa mère ?

– Je suis certain que Yéchoua va venir visiter sa mère et lui annoncer la Bonne Nouvelle. J'aimerais être là, tapi dans un coin. Permets-moi de partir. Je m'engage à me livrer dès que j'aurai revu Yéchoua. Je t'en supplie, Pilate, libère-moi.

Je le laissai s'époumoner.

Il finit par se taire.

Il avait compris que je le maintiendrais dans ce cachot. Lentement, il se coucha sur le ventre, les bras en croix, le visage sur la dalle. Une lune plate, indifférente, lâchait quelques rayons avares à travers les barreaux. Il priait. Je le voyais s'apaiser. Son calme me calmait.

Lorsque je me levai pour quitter le cachot, sa voix m'arrêta :

— Je t'aime, Pilate.

— Cesse de parler comme lui.

— C'est lui qui m'a appris.

— Comment peux-tu prétendre m'aimer ? Je te capture ; dans quelques heures, je te livrerai au sanhédrin ; tu ne reverras sans doute jamais le jour, et tu prétends m'aimer ?

— Je t'aime. Et Yéchoua t'aimait aussi. Et sur la croix, il a murmuré pour toi et ceux du sanhédrin : "Père, pardonnez-leur car ils ne savent pas ce qu'ils font."

J'attrapai Yohanân à travers les barreaux et je le secouai violemment.

— Vous êtes fous ! Tous fous ! Caïphe a raison : il faut vous empêcher de parler !

— Tu ne veux pas que je t'aime ?

— Non, je n'en veux pas de ton amour, je préfère choisir qui m'en donne. Et à qui j'en donne. Domaine réservé.

— Tu as raison, Pilate, répondit-il. Que deviendrions-nous si nous nous aimions tous ? Penses-y, Pilate, que deviendrions-nous dans un monde d'amour ? Que deviendrait Pilate, préfet de Rome, qui doit sa place à la conquête, à la haine et au mépris des autres ? Que deviendrait Caïphe, le grand prêtre du Temple, qui t'achète sa charge à force de cadeaux et assoit son autorité sur la crainte qu'il inspire ? Y aurait-il encore des Juifs, des Grecs, des Romains dans un monde inspiré par l'amour ? Encore des puissants et des faibles, des riches et des pauvres, des hommes libres et des esclaves ? Tu as raison, Pilate, d'avoir si peur : l'amour serait la destruction de ton monde. Tu ne verrais le Royaume de l'amour que sur les cendres du tien.

Puis-je te l'avouer, mon cher frère ? Devant tant de folie, je m'enfuis. Porte-toi bien. »

Sextus approuve de la tête.

SEXTUS. Voulez-vous relire ?

PILATE. Non, Sextus. Maintenant que mon devoir est accompli, le criminel sous les verrous, je vais rejoindre Claudia, mon épouse, et dans deux jours, nous rentrerons à Césarée.

SEXTUS. Enfin.

10

Pilate, seul, pâle et défait dans l'aube naissante, relit la lettre qu'il vient d'achever.

PILATE. « Je grimpai quatre à quatre les escaliers qui mènent à notre chambre et là, comme un nomade trouve le puits, je me jetai dans le lit où dormait Claudia.
Elle reposait sur le flanc et je me plaquai contre elle. Je la caressai pour qu'elle se réveille. Elle sourit en m'apercevant. Elle cria presque de joie.
– Pilate, je voulais te dire...
Je mis ma bouche en guise de bâillon. Je débordais de tendresse et aussi d'une sorte de joie sauvage, une envie d'étreindre, de caresser, de pénétrer le corps de ma femme. Nous avons roulé dans le lit. Elle voulut encore parler, mais ma bouche l'empêchait. Enfin, elle se rendit, nous

nous sommes emboîtés et nous avons fait lon-
guement, furieusement, l'amour.

Enfin, quand le plaisir nous sépara, Claudia se
leva et vint s'asseoir devant moi.

– Pilate, j'ai quelque chose à te dire de très
important, d'incroyable, de bouleversant, de...

Elle se tut. Je l'encourageai d'un baiser dans le
cou.

– Eh bien ?

– J'ai vu Yéchoua cette nuit. Il m'est apparu. Il
est ressuscité. »

Pilate s'enfouit la tête dans les mains, accablé.

11

Heures chaudes de midi, le lendemain.
Pilate s'explique avec Sextus.

SEXTUS. Mais c'est absurde !

PILATE. Oui. C'est absurde. Non seulement
Claudia a revu Yéchoua pendant que je tenais
son double enfermé dans une cellule du fort
Antonia, mais, cette même nuit, Yéchoua s'est
aussi montré à sa mère, puis à Chouza, l'inten-
dant d'Hérode. À chacun, il annonçait identi-
quement « la Bonne Nouvelle ».

SEXTUS. La Bonne Nouvelle ? Sa résurrection ?
Effectivement, ce doit être agréable de revenir
d'entre les morts.

PILATE. Claudia m'assure qu'il ne peut s'agir

d'une pensée aussi égoïste. Selon elle, Yéchoua n'a pas vécu pour lui, il n'est pas mort pour lui, il ne revient pas non plus pour lui.

Sextus fait signe qu'il ne saisit pas. Pilate répond par un geste témoignant de la même impuissance.

PILATE. Je peux mettre tous les témoignages en doute sauf un, celui de Claudia Procula. En apparaissant à mon épouse, Yéchoua, je le soupçonne, a décidé de m'atteindre. Il veut me convaincre. Mais de quoi ? Pourquoi se cacher et se montrer à la fois ? Si j'étais comme lui, injustement condamné, et si, par prodige, je revenais de la mort, que ferais-je ? Soit je fuirais à l'étranger pour me protéger de mes bourreaux et éviter de retomber dans leurs mains. Soit je jouerais de ce miracle en me montrant crânement à eux et je me protégerais ainsi par une réputation d'invulnérabilité. Soit...

SEXTUS. Soit je me vengerais.

PILATE. Se venger ? Il paraît qu'il nous pardonne. *(Un temps.)* La vengeance du pardon ?

Les deux hommes se regardent, sceptiques.

PILATE. Comment puis-je traquer un adversaire que je ne comprends pas ?

12

Pilate écrit, seul, au crépuscule. Une branche de mimosa est posée à côté de lui.

PILATE. « La nuit tombe et ne m'apaise pas. Les lumières finissantes s'enfoncent dans l'horizon sans emporter mes soucis. Par la fenêtre, je vois les collines, la masse sombre des montagnes appuyées contre l'obscurité. Le silence me meurtrit ; il se tait ; il dort sur ses secrets ; il me les dissimule.
Je t'écris et la pâleur de ces feuilles se communique à ma pensée. Je ne pense plus, j'attends. Je refuse ce choix entre une parole sage et une parole folle. J'attends que la raison me revienne. J'attends que le bon sens réorganise les faits.
Tout à l'heure, j'ai subitement ressenti le besoin de parler avec Claudia, de l'embrasser.

Claudia était partie. Elle m'avait laissé, posé en évidence sur le lit, un mot. Une branche de mimosa empêchait le papyrus de s'envoler.

"Ne t'inquiète pas. Je reviens bientôt."

Comme tu le sais, je suis habitué à ces petits billets qui m'annoncent des heures de solitude forcée : Claudia est coutumière de ces fugues.

Je m'allongeai sur la couverture de soie.

La chambre restait pleine d'elle, de son parfum ambré, de son goût délicat pour les étoffes rares, les chaises sculptées incrustées de pierres colorées, les bustes étranges rapportés de tous nos voyages. Cette fois, je sais où elle se trouve. Cette fois, elle n'est pas allée suivre une caravane, ou remplacer une mère défaillante auprès de ses enfants : elle a pris la route de Nazareth...

Je dois la laisser aller au bout de son illusion et moi, chercher, ici, la solution.

Curieusement, j'ai le sentiment que tout rentre ainsi dans l'ordre. Je me suis dédoublé. Ma force, mes muscles et mon bon sens demeurent ici, au fort Antonia, pendant que ma moitié, ma moitié rêveuse, ma moitié sensible, imaginative, ma moitié qui pourrait céder aux mirages de l'irrationnel, accompagne Claudia sur les chemins pierreux de Galilée. »

Il embrasse la branche de mimosa et murmure :

PILATE. Porte-lui mes pensées, où qu'elle soit.

Puis il se remet à écrire.

PILATE. « Où es-tu, toi-même, mon cher frère ? Où liras-tu cette missive ? Je ne sais rien des gens qui t'entoureront alors, des arbres et des maisons qui te protégeront, de la couleur du ciel sous lequel tu me déchiffreras. Je t'écris de mon silence pour rejoindre le tien, je t'écris pour abolir la distance, aller de ma solitude à la tienne. Oui, c'est cela. Ma solitude, la tienne. La solitude. Seule chose en quoi, à coup sûr, nous sommes égaux. Seule chose qui nous sépare et nous rapproche. Porte-toi bien. »

En achevant cette lettre, il s'écrie soudain :

PILATE. Sextus !

Son visage est illuminé par une idée. Il appelle Sextus avec force.

PILATE. Sextus ! Sextus !

Sextus se présente.

SEXTUS. Oui ?

PILATE. J'ai trouvé !

SEXTUS. Quoi ?

PILATE. Pilate est redevenu Pilate ! La logique l'a emporté ! Mon esprit est en ordre. Il ne nous reste plus qu'à en remettre dans ce pays.

SEXTUS. Je ne suis pas sûr de comprendre.

PILATE. Yéchoua !

SEXTUS. Oui.

PILATE. S'il est toujours vivant, c'est qu'il n'est pas mort sur la croix !

13

Belle et claire lumière d'une matinée.

Pilate, très excité, fait un cours à Sextus. Pour ce, il a sorti une maquette : un mannequin cloué sur une croix.

PILATE *(avec énergie)*. De quoi meurt un crucifié ? Ni de ses plaies, aussi douloureuses soient-elles, ni même du sang perdu lorsqu'on le cloue aux poutres.

SEXTUS *(étonné)*. Ah bon ?

PILATE. Sextus, une crucifixion n'est pas une exécution mais un supplice ! Le condamné meurt très lentement. Nos juristes ont proposé cette technique parce qu'une longue agonie donne le temps au criminel d'apercevoir l'horreur de ses actes tout en offrant un spectacle qui épouvante le peuple et le dissuade d'agir contre l'autorité.

SEXTUS. Certes, mais de quoi meurt le crucifié ?

PILATE. D'asphyxie. Le poids de son corps pèse tant sur ses bras que cela lui comprime le thorax et tétanise les muscles. Il se contracte, éprouve du mal à respirer et étouffe lentement.

SEXTUS. Combien de temps prend l'asphyxie ?

PILATE. Cela dépend. Il faut tenir compte de l'hémorragie, de l'inflammation des plaies, de la chaleur du soleil sur le crâne. Enfin, on peut dire qu'en moyenne, le crucifié met trois jours à mourir.

SEXTUS *(estomaqué)*. Trois jours ?

PILATE. On raconte que des sujets particulière- ment robustes ont râlé pendant dix jours avant de rendre leur dernier souffle.

SEXTUS. Et Yéchoua est resté crucifié... ?

PILATE. Cinq heures.

SEXTUS. C'est insuffisant.

PILATE. Ridiculement court. On a déjà vu des crucifiés, décrochés après une journée, entrer en convalescence et se porter rapidement comme des charmes.

SEXTUS. Mais alors, ni Yéchoua, ni les voleurs...

PILATE. Si ! C'est pour cela que l'on a inventé le bris des tibias.

Pilate saisit une hache et s'approche de la maquette du crucifié accrochée à la croix.

PILATE. Vois ce mannequin qui m'a été fourni par Sertorius, mon médecin. Observe. Grâce à son appui sur les pieds cloués, le crucifié ne fait pas porter tout le poids de son corps sur ses bras. Tant qu'il a de la force, il peut se maintenir sur ses jambes et respirer encore.

Sextus approuve.

PILATE. Aussi, si l'on veut le faire mourir rapidement, on lui coupe les tibias.

D'un coup de hache, Pilate brise les jambes du mannequin. La marionnette s'affaisse, tenue uniquement par ses poignets cloués.

Sextus se trouve au bord du malaise tandis que Pilate continue, très à l'aise.

PILATE. L'étouffement se produit vite. On pratique le bris de tibias par sécurité avant de déclouer qui que ce soit.

Sextus approuve de la tête puis objecte :

SEXTUS. Alors Yéchoua est mort si on lui a brisé les tibias.

PILATE. Justement, on ne les lui a pas brisés.

Il s'assoit et résume.

PILATE. Ce jour-là, j'envoie trois condamnés, deux voleurs et le Nazaréen, sur le mont du Crâne vers midi. Yéchoua est le dernier à être hissé en croix. On le cloue vers midi et demi. Or, cinq heures après, Yoseph d'Arimathie vient me prévenir au palais que Yéchoua ayant déjà trépassé, on pouvait l'enterrer. Cela m'arrange car les trois jours de la Pâque juive n'autorisent pas à exposer les morts. J'envoie Burrus vérifier le décès. Il me le confirme. On coupe alors les tibias des deux larrons puis je donne l'autorisation de décrocher les corps pour les ensevelir.

SEXTUS. Cependant le centurion Burrus vous a confirmé la mort du Nazaréen.

PILATE. Oui, je l'ai interrogé tout à l'heure. Il lui a enfoncé une lance dans le cœur d'un coup auquel Yéchoua n'a pas réagi.

Pilate se lève et saisit une lance pour mimer le mouvement sur le mannequin.

PILATE. Comme cela : Burrus m'a montré.

Il fait le geste d'enfoncer la lance dans la poitrine.

SEXTUS. Eh bien ! S'il n'était qu'évanoui, cela aurait suffi à le tuer, non ?

Pilate sourit énigmatiquement. Sextus insiste.

SEXTUS. Non ? Qu'en pensez-vous ?

PILATE. Je pense d'abord que le cœur est de l'autre côté.

Il rit devant la mine de Sextus.

PILATE. Et puis, Burrus a ajouté que du sang a jailli.

SEXTUS. Ah ! C'est une preuve, ça !

PILATE. Oui, une preuve qu'il n'était pas mort. Un cadavre ne saigne pas, Sextus, il suinte tout au plus un sang épais, mais rien qui puisse gicler. Nous pouvons donc être certains que le crucifié vivait lorsqu'on a cru vérifier son décès.

Sextus s'incline.

SEXTUS. Bravo. Vous m'avez convaincu.

PILATE. Il nous faut donc agir vite. *(Avec force.)* Je me rends compte aujourd'hui que j'ai un ennemi sur la terre de Palestine, un ennemi que je n'avais pas soupçonné, qui manipule Caïphe, moi, le sanhédrin, les disciples de Yéchoua, et peut-être Yéchoua lui-même : il s'agit de Yoseph d'Arimathie. Il prévoit, anticipe et brouille les pistes. Sachant que les trois jours de la Pâque juive n'autorisent pas à laisser un crucifié exposé,

il comptait dès le départ utiliser cette astuce :
Yéchoua, arrêté dans la nuit précédant les fêtes
puis jugé, condamné, n'aurait pas le temps de
mourir sur le gibet ! Sur le chemin du supplice,
il fait porter sa croix par un complice, sans
doute pour épargner ses forces, peut-être pour
lui glisser son plan à l'oreille. Cinq heures après,
Yéchoua donne l'apparence de la mort et Yoseph
bondit au palais me l'annoncer. Il délivre le mori-
bond avec ses complices, l'emporte précaution-
neusement dans son propre tombeau, drogue les
gardes de Caïphe pour qu'ils s'assoupissent et
récupère dans la nuit son blessé. Il lui laisse trois
jours de convalescence en le cachant parmi ses
domestiques. Puis il commence à le faire réap-
paraître, toujours brièvement, toujours parcimo-
nieusement, car le blessé demeure encore faible.
Mais Yoseph a peur que le Nazaréen ne décède.
Ces jours-ci, il multiplie les rencontres puis,
autant par précaution que pour créer du mystère,
décide de l'éloigner, d'aller le cacher en Galilée.
Parce que le Nazaréen est en mauvaise santé,
Yoseph va bientôt lancer le bruit que Yéchoua
risquera une dernière apparition avant de rejoin-
dre le Royaume de son Père. Si je ne le prends
pas de vitesse, Yoseph peut encore faire triom-

pher l'idée que Yéchoua est le Messie. Si, dans les jours qui viennent, il consolide la rumeur de la résurrection, c'est toute la face de la terre qui sera changée, ce sont tous les autres cultes qui seront mis à bas, et c'est la philosophie juive qui couvrira les terres et les océans de sa fumée. Cette petite affaire galiléenne pourrait se transformer en un attentat réussi contre le monde entier. Envoie mes hommes dans toute la Palestine pour mettre la main sur l'imposteur Yoseph et son complice Yéchoua.

SEXTUS *(avec admiration)*. Lorsque je vous écoute, je comprends pourquoi Rome domine le monde.

14

Pilate entre dans la pièce, impatient.

PILATE. Toujours rien ?

SEXTUS. Rien.

PILATE. Mais encore ?

SEXTUS. Rien.

PILATE. Combien de cohortes sont revenues ?

SEXTUS. Deux sur les quatre. Celles que nous attendons parcourent la Galilée : ce sont elles qui ont le plus de chances de nous ramener les imposteurs.

PILATE *(confiant)*. Oui.

Il tend un papier à Sextus.

PILATE. Voici ta nomination à Damas.

Sextus la reçoit avec bonheur.

SEXTUS. Oh merci, merci.

PILATE. Tu peux me quitter dès que tu le désires. Ce soir même si tu veux.

SEXTUS. Puis-je formuler un vœu, préfet ?

PILATE. Soit.

SEXTUS. Je souhaiterais ne partir qu'après que la cohorte vous aura rapporté Yéchoua et Yoseph.

PILATE. À ta guise.

Un temps.

PILATE. Pourquoi me demandes-tu cela ? Toi qui recherches le roi du monde, imaginerais-tu une seconde que Yéchoua puisse être celui-ci ?

SEXTUS *(avec conviction)*. Pas un instant. Même s'il est suivi par des milliers de Juifs pouilleux, il ne correspond pas au portrait que j'ai du nouvel empereur du monde. Il ne s'agit que d'un mendiant qui fait parler de lui.

On entend alors du bruit dans la cour.
Sextus se précipite vers la fenêtre.

SEXTUS. La cohorte est revenue. Les hommes se congratulent. *(Il tend l'oreille.)* Ils ont capturé Yoseph et Yéchoua.

PILATE *(heureux).* Enfin !

SEXTUS. Non, seulement Yoseph. Pas Yéchoua.

PILATE. C'est le plus important. Allons-y !

15

Pilate demeure seul, un peu oisif, un peu agacé. Au-dehors, grand soleil.

Sextus entre.

PILATE. Alors ?

SEXTUS. Il continue à nier.

PILATE *(furieux)*. Ah !

SEXTUS. Il jure que Yéchoua était mort sur la croix et que c'est un cadavre qu'il a déposé au fond du tombeau.

PILATE. Il finira par avouer. Frappez-le plus fort.

SEXTUS. Nous devrons attendre. Il est évanoui. Nos hommes n'y sont pas allés de main morte.

Pilate se renfrogne.

PILATE. De toute façon, nous le tenons. Et sans Yoseph, son réseau, ses serviteurs, le Nazaréen ne pourra pas se cacher longtemps. Encore un peu de patience.

SEXTUS. Un mot qui se prononce vite, une vertu qui s'obtient difficilement.

Pilate hausse les épaules.
Sextus a quelque chose d'autre à dire mais, lorsqu'il voit la nervosité de Pilate, il n'ose pas.

PILATE. Quoi ? Tu es toujours là ?

SEXTUS. J'ai un message à vous transmettre.

PILATE. Eh bien ?

SEXTUS. De la part de Sertorius, votre médecin.

PILATE. Eh bien ?

SEXTUS *(embarrassé)*. Il s'agit du magicien. Sertorius est revenu sur son précédent diagnostic.

PILATE. Qu'est-ce que tu veux dire ?

SEXTUS. Oh, moi rien, mais Sertorius me charge de vous annoncer qu'il est fort possible, voire probable, très probable, que le Nazaréen soit mort sur la croix.

Pilate demeure bouche bée. Sextus prend un peu plus d'assurance pour continuer.

SEXTUS. Sertorius prétend que, lors de la première consultation, il n'avait pas toutes les données en main, ce qui lui a fait surestimer la santé du Nazaréen. Tout d'abord, celui-ci se trouvait à jeun depuis deux jours, ce qui l'affaiblissait. Ensuite, la nuit où il fut arrêté au mont des Oliviers, son crâne suait du sang, un phénomène déjà remarqué par Timocrate, un confrère grec, pour qui cette transpiration exceptionnelle se révèlerait le symptôme d'une grave maladie. Sertorius conclut qu'avant même son procès, le Nazaréen n'était pas en bonne forme. Mais ce qu'on ne lui avait pas dit, non plus, l'autre jour, c'est que l'homme avait été torturé et fouetté avant d'être conduit au Golgotha.

PILATE. On ne meurt pas du fouet !

SEXTUS. Si ! Cela s'est vu. Car le criminel y perd beaucoup de sang, les muscles sont lacérés. Des centurions lui ont d'ailleurs confirmé qu'ils fouettaient traditionnellement les condamnés à la croix afin qu'ils trépassent plus vite.

PILATE. Je n'ai pas fait fouetter Yéchoua pour qu'il périsse mais pour lui éviter la mort. Je pensais que cela suffirait à satisfaire le peuple.

SEXTUS. Médicalement, le résultat est le même. Le Nazaréen s'est montré incapable de porter le montant supérieur de la croix jusqu'au mont du Crâne, il a fallu qu'un passant le fît à sa place. À ce stade, l'hémorragie des poignets et des pieds plus quelques heures d'asphyxie sur la croix ont pu suffire à l'achever.

PILATE. Mais le sang ? Le sang qui jaillit lorsque le soldat a enfoncé sa lance ? Le sang, déjà épaissi, ne gicle pas d'un cadavre !

SEXTUS. Justement, Sertorius a obtenu des précisions qui, de nouveau, le font diagnostiquer différemment. D'après Yohanân, le jeune disciple, et les soldats au pied de la croix, ce qui fusa hors du corps était un mélange de sang et d'eau. Ce qui nous indique que le coup de lance a atteint la plèvre, cette poche qui contient un liquide transparent. En éclatant, elle a forcément lâché un peu de sang qui a coloré la substance, même si le corps était déjà mort. De plus, à supposer que l'homme ne fût alors qu'agonisant, fendre la plèvre l'aurait tué. En fait, aujourd'hui, au regard de tout cela, Sertorius se sent obligé de conclure qu'il y avait quatre-vingt-dix-neuf chances sur cent que le Nazaréen fût trépassé lorsqu'on le décloua.

PILATE. Très bien ! Alors comment Sertorius explique-t-il que le Nazaréen vive, parle et marche aujourd'hui ? Par la résurrection ?

SEXTUS. Il m'a répondu que l'idée de résurrection n'appartient pas à son arsenal médical.

Excédé, Pilate a un geste pour arrêter la discussion.

PILATE. Sertorius a bien fait de ne pas venir me débiter ces sottises lui-même. Son revirement ne change rien à mon raisonnement ; même s'il y avait quatre-vingt-dix-neuf chances sur cent que Yéchoua fût mort sur la croix, il ne l'était pas puisque aujourd'hui il est toujours vivant.

Avant de quitter la pièce, il a un dernier éclat.

L'Évangile selon Pilate

PILATE. Retournez torturer Yoseph d'Arimathie : il faut qu'il parle. Sinon, je vais être obligé de transmettre mon rapport à Tibère !

16

Seul dans la nuit, Pilate raconte la suite à son frère lointain.

PILATE. « On vint alors me prévenir que Yoseph d'Arimathie, du fond de sa cellule, souhaitait me faire des aveux. J'en fus ragaillardi : enfin, nous allions mettre la main sur Yéchoua.

Je trouvai un Yoseph étrangement calme. Il sourit même en me voyant. Il m'annonça qu'il voulait dévoiler toute la vérité, mais il y posait une condition : que nous nous rendions au cimetière. Suivis d'une garde restreinte, nous arrivâmes devant le tombeau de Yéchoua.

— Eh bien, parle, Yoseph.

— Rentrons dans la tombe. Là, je te montrerai les deux choses que j'ai à te révéler.

D'un geste, j'ordonnai à mes hommes de rouler

la pierre. Qu'avais-je à craindre ? Peut-être Yoseph voulait-il m'indiquer une trappe, un passage secret qui avait permis à Yéchoua de se cacher ou de s'enfuir ? J'étais déjà piqué par les pointes de la curiosité.

La vieille main sèche de Yoseph me prit le bras et nous pénétrâmes dans le vestibule. Il avait plus peur que moi.

Là, il demanda qu'on referme la meulière. Mes hommes hésitèrent. Je donnai l'ordre à mon tour. Les muscles se bandèrent de nouveau, nous entendîmes les souffles raccourcis par l'effort, quelques jurons, puis le jour disparut totalement. Nous étions seuls dans le tombeau obstrué.

Yoseph m'amena à tâtons au fond de la chambre mortuaire et me fit asseoir. Une odeur fraîche et entêtante avait gagné l'obscurité.

Je m'appuyai contre le roc glacé pour attendre les révélations de Yoseph.

– Je n'imaginais pas qu'une tombe sente aussi bon.

– N'est-ce pas ? Il y a ici cent livres de myrrhe et d'aloès, le cadeau de Nicodème, que tu connais sans doute, le docteur de la Loi. Il l'avait fait déposer l'après-midi de la crucifixion.

– Eh bien parle, Yoseph, je t'écoute.

Yoseph ne répondit pas.

— Que veux-tu me montrer ?

Yoseph ne répondit pas davantage.

Était-ce le froid ? Était-ce l'humidité ? Était-ce l'enfermement ? Je commençais à me sentir nauséeux.

— Yoseph, dis-moi pourquoi tu nous as fait venir ici ?

— Je veux te convaincre que Yéchoua était mort.

Yoseph avait parlé d'une voix blanche, tant il avait de la difficulté à respirer. Moi-même, j'avais le cœur qui s'accélérait et je cherchais mon air.

— Allons, parle vite ! Cette odeur est insupportable ! Je ne tiendrai pas longtemps...

Je passai ma main sur mon front et je découvris qu'il était couvert de sueur alors que je grelottais. Que se passait-il ?

— Yoseph, ça suffit ! Que faisons-nous là ?

— Tu n'as qu'à deviner toi-même...

Sa voix devenait à peine audible, un souffle rauque au bord de l'exténuation.

Puis il y eut un bruit sourd, celui d'une chute. Je me dressai. Je sentis une chose chaude et molle sous mes pieds. Je l'enjambai et je hurlai à mes hommes, à travers la paroi, d'ouvrir.

Je m'accrochai à l'unique rai de lumière pour

respirer un air plus pur, puis, au bord de la défaillance, j'appelai de nouveau. J'étais devenu sourd et je sentais le monde tout aussi sourd à mes appels. Je venais de sombrer dans une machination. J'ai crié, crié, crié...

Enfin le rai de lumière s'arrondit, la pierre commença à rouler, me parvinrent les chants d'oiseaux, les jurons de mes hommes et je vis le soleil vert et blanc du verger fleuri. Je bondis hors de la tombe et m'écroulai dans l'herbe.

Mes gardes allèrent chercher Yoseph, la chose évanouie qui était tombée à mes pieds, et ils l'allongèrent près de moi. Ils nous aspergèrent avec l'eau de leur gourde. Le visage de Yoseph mit plus de temps à reprendre des couleurs. Je vis enfin son œil bleu, blanchi par les couches de l'âge, se rouvrir au ciel. Il se tourna vers moi.

– Alors, as-tu compris ?

J'avais compris. Les épices et aromates entreposés dans le caveau pour l'aseptiser et accompagner le défunt, cette myrrhe et cet aloès, créaient une atmosphère suffocante, irrespirable, mortifère. Yéchoua, moribond ou en bonne santé, n'aurait jamais pu survivre dans cette chambre empoisonnée.

Mais qu'est-ce qui me prouvait que l'on n'avait

pas déposé ces offrandes dans la tombe de Yéchoua après qu'il en fut parti ? Au moment où on l'avait retiré ?

Yoseph lisait mes doutes sur mon front.

– Je t'assure que Nicodème avait placé son présent avant qu'on y allonge le cadavre.

Je n'étais pas convaincu. Il ne s'agissait encore que d'un témoignage. Dans cette affaire Yéchoua, on rebondissait de témoignage en témoignage. Quoi de plus fragile qu'un témoignage ? Comment accorder du crédit à des Juifs qui, de toute façon, dès le départ, voulaient retrouver en Yéchoua leur Messie ?

Yoseph me sourit et fouilla dans les plis de son manteau. Il en sortit un parchemin, noué par un ruban que je connaissais bien, où était glissée une branche de mimosa.

Je frémis.

Claudia Procula lui avait confié un message pour moi. »

Pilate se lève et relit le message.

PILATE. « Pilate, il y avait quatre femmes voilées au pied de la croix. Myriam de Nazareth, sa mère. Myriam de Magdala, l'ancienne courtisane que Yéchoua aimait tendrement pour sa bonté et son intelligence. Salomé, la mère de Yohanân et de Jacob, les disciples. Enfin, la quatrième était ton épouse, Pilate. Je n'ai pas osé l'avouer, ni à toi ni aux autres, j'étais dissimulée sous plusieurs couches de soie afin que personne, sinon mes compagnes, ne m'identifiât. Je peux t'assurer, pour avoir enveloppé son corps raide et glacé dans le suaire, que Yéchoua était bien mort ce soir-là. J'en ai moi-même tant pleuré de désespoir. J'étais sotte. Je ne croyais pas assez en lui. Maintenant, la lumière s'est faite. Rejoins-moi vite sur la route de Nazareth. Je t'aime. Ta Claudia. »

Pilate demeure pensif.

Sextus arrive alors, habillé pour ce départ.

SEXTUS. Préfet ?

PILATE *(revenant à la réalité)*. Oui. *(Par réflexe, il dissimule le mot de Claudia.)*

SEXTUS. Je viens vous saluer avant de partir.

PILATE *(mécaniquement)*. Je te salue aussi, Sextus.

SEXTUS. Ce fut un grand honneur de vous servir

de scribe. J'ai particulièrement apprécié la façon dont vous êtes venu à bout de l'affaire Yéchoua.

PILATE. Oh...

SEXTUS. Si, si. Même si on n'a pas encore retrouvé le cadavre, vous avez su mettre la main sur le comploteur Yoseph et ramener le calme en Judée.

PILATE *(d'une voix blanche)*. Merci.

SEXTUS. Ave, préfet.

PILATE. Ave, Sextus.

Sextus s'en va. Pilate reste, perplexe, inquiet, bouleversé.

17

Pilate parcourt désormais les sentiers de Galilée.

En manteau de pèlerin, il tient une besace de voyage.

PILATE. « Mon cher frère,
Je ne suis plus qu'un marcheur au milieu des marcheurs. Pour l'heure, je n'ai toujours pas retrouvé Claudia, ni appris quelque chose de nouveau.
Chaque jour, les routes se couvrent de plus en plus de monde. On veut voir le Galiléen.
Moi, je suis à la recherche de ma femme, pas du Galiléen. Je ne suis pas attiré par ce prodige, même si j'admets aujourd'hui que l'affaire Yéchoua n'est pas seulement une énigme, mais un mystère. Rien de plus rassurant qu'une

énigme : c'est un problème en attente de sa solu-
tion. Rien de plus angoissant qu'un mystère : c'est un problème définitivement sans solution.
Il donne à penser, à imaginer... Or je ne veux
pas penser. Je veux connaître, savoir. Le reste ne
m'intéresse pas. »

18

Sur une route de Galilée.

PILATE. « Rien de nouveau, mon cher frère, sinon une barbe naissante. Elle me permet de circuler inaperçu. J'ai la nuque cassée à force de marcher tête courbée, capuchon baissé. Mon cou souffre autant que mes pieds.
Curieusement, alors qu'au départ de Jérusalem je m'estimais isolé au milieu des pèlerins, je me sens chaque jour plus proche d'eux. Ce qui s'use sur ces chemins pierreux de Galilée, ce ne sont pas seulement mes semelles, mais le sentiment que j'avais d'être unique. Quelque chose me fait éprouver une sorte de parenté avec mes compagnons de voyage, je ne sais pas trop quoi... Peut-être la marche, la soif, la quête. Ou tout simplement la fatigue.
Porte-toi bien. »

19

Sur une autre route de Galilée.

PILATE. « Je marche toujours.
À certains moments, je ne suis même plus certain
d'avoir un rendez-vous.
Ce matin, je fis une halte pour vérifier qu'une
écharde n'entamait pas la peau encore tendre de
mes pieds. Je palpais mes orteils et comptais mes
blessures lorsqu'une femme s'approcha.
Elle s'agenouilla devant moi.
– Laisse-moi te laver les pieds.
Avant même que j'eusse le temps de répondre,
elle versa de l'eau douce sur mes membres meur-
tris et commença à les frotter délicatement.
J'éprouvai un bien-être immédiat.
Puis elle les essuya avec un linge propre, secoua
mes sandales poussiéreuses et me les rattacha.

— Merci, esclave.

Je lui tendis une pièce pour son travail.

Elle releva alors le visage vers moi et je découvris Myriam de Magdala, l'ancienne courtisane, une des premières femmes à avoir suivi Yéchoua, une des premières femmes à l'avoir vu réapparaître.

— Je ne suis pas une esclave.

Elle souriait, nullement vexée.

— Pardonne-moi de t'avoir offensée.

— Tu ne m'offenses pas. Si être esclave, c'est faire du bien à son prochain, je préfère être esclave. Yéchoua lui-même lavait les pieds de ses disciples. Peux-tu imaginer cela, Romain, un Dieu qui aime tellement les hommes qu'il s'agenouille pour leur laver les pieds ?

Sans attendre ma réponse, elle sourit encore et se releva.

— Hâte-toi, Pilate, ta femme t'attend avec impatience. Elle fait partie des bienheureuses auxquelles le Seigneur s'est montré.

— Où est-elle ? Quel chemin dois-je prendre ?

— Peu importe. Tu la trouveras lorsque tu seras prêt. Tu sais très bien que ce voyage, nous ne le faisons pas seulement sur les routes, mais d'abord au fond de nous-mêmes.

Et elle disparut, rejoignant les femmes qui l'accompagnaient.

J'ai donc eu la confirmation de mon rendez-vous. Je vais où mes pas me portent. J'espère que mes pieds sont plus intelligents que moi. »

PILATE. « Les pèlerins affluent de toutes parts, comme les ruisseaux joignent et grossissent le fleuve.

Chaque jour je ressens davantage l'énergie énorme, redoutable, formidable, qui pousse les flots des marcheurs. Cette force qui leur fait les yeux clairs, le front serein et les cuisses inépuisables, c'est la Bonne Nouvelle. Je commence juste à saisir ce qu'ils entendent par là. Ils croient qu'un monde nouveau commence, le Royaume dont parlait Yéchoua. Je m'étais mépris sur ce mot "royaume" ; en bon Romain concret, pratique, inquiet et responsable, j'y voyais la Palestine et je soupçonnais que Yéchoua voulait reprendre l'œuvre d'Hérode le Grand, abolir la division en quatre territoires, les réunifier, chasser Rome et se mettre sur un trône unique. Il s'agit en fait d'un royaume à la fois très concret et très abstrait : ce monde-ci va être transformé par la parole de Dieu. Il va demeurer en apparence identique, mais revivifié, infiltré de l'intérieur par l'amour. Chaque individu va se changer lui-même. Pour que le Royaume advienne, il faut que les hommes le désirent. Si la graine tombe sur une mauvaise terre, elle sèche et meurt. Si, au contraire, elle tombe sur la bonne terre, elle croît et porte ses fruits. La parole de Yéchoua n'existera que si elle est reçue. Le message d'amour de Yéchoua ne se réalisera que si les hommes veulent bien aimer.

Je ne sais pas encore, mon cher frère, ce que j'en pense vraiment. »

PILATE. « Toujours rien.

Je me lève avec le soleil et me couche avec lui. Dans l'intervalle, je marche.

Plusieurs fois, lors des haltes, je remarquai des poissons dessinés sur le sable. Soupçonnant qu'il y avait là un signe, je demandai à une femme, qui portait un poisson en pendentif, ce que cela signifiait.

– Comment ? Tu ne sais pas ? C'est la marque de Yéchoua. "Poisson" en grec se dit ἰχθύς, et cela donne les initiales de "Yéchoua-Christ-Fils-de-Dieu-Sauveur". Nous l'utilisons comme un signe de ralliement.

J'ai songé à Sextus. Le futur roi du monde qu'annonçaient tous les astrologues avait un lien avec le signe des Poissons. Sextus aurait-il abandonné la piste de Yéchoua s'il avait eu connaissance de ce code secret ? »

22

PILATE. « À je ne sais quel frémissement dans l'air, je sentais que j'approchais du but.

Depuis le matin, nous suivions les nuages qui se dirigeaient vers le mont Thabor.

En passant le premier col, nous avons appris que les onze disciples nous précédaient. Nous devions faire vite. L'orage allait éclater.

Puis une grande clarté, une épée d'acier étincelante, creva les nuages et vint frapper le mont. La foudre était tombée là-haut. Je pensai en moi-même : Trop tard.

Quand nous fûmes au pied de l'ultime pente, nous vîmes la montagne dégorger les apôtres.

Je faillis ne pas les reconnaître. Au lieu des lâches apeurés, couraient désormais des hommes forts, vigoureux, au visage brillant de santé et de joie. Ils vinrent au-devant de nous et nous embrassèrent tous. Ils parlaient en même temps, véloces, enthousiastes, et les mots coulaient facilement de leur bouche :

– Yéchoua nous a demandé plusieurs fois si nous l'aimions ; il y avait quelque chose d'angoissé dans sa question, avec cette voix tremblante qu'ont les amis qui partent pour un très long voyage. Au sommet, il pria et nous bénit : "Allez dans le monde entier, auprès de toutes les nations, et annoncez la Bonne Nouvelle à tous les hommes. Baptisez-les au nom de mon Père. Enseignez-leur ce que je vous ai dit. Vous parlerez toutes les langues, même les langues nouvelles. Si vous apposez vos mains sur les malades, ils seront guéris. Si vous prenez des serpents dans vos mains, ils ne mordront pas. Et sachez-le, je vais être avec vous tous les jours, jusqu'à la fin du monde." Et pendant qu'il nous bénissait de nouveau, il se sépara de nous. Il fut transfiguré. »

Pilate cesse d'écrire et confie avec émotion, sur le ton de la confidence.

PILATE. J'ai retrouvé Claudia.
Elle m'attendait debout, toute droite, au milieu

d'un chemin, comme si elle savait que j'allais arriver là, à cet instant.

J'ai cru que j'allais la broyer dans mes bras. Heureusement qu'elle a ri avant que je ne l'étouffe. Puis je l'ai empêchée de parler en l'embrassant longuement.

– Ne pars plus, Claudia.

– Je ne partirai plus. Tu dois t'occuper de moi maintenant. Et tous les jours. Je suis devenue fragile. Je porte notre enfant.

23

Une terrasse ensoleillée au bord de l'eau.

Pilate, très différent, plus détendu, plus fragile aussi, relit sa dernière lettre.

PILATE. « Nous voici de retour à Césarée.
Tous les jours, je contemple la mer et le ventre de Claudia qui s'arrondit.
Je ne t'ai plus écrit depuis plusieurs semaines.
Sois assuré, mon cher frère, que je t'aime autant, sinon même plus qu'avant. Cependant, la nécessité de correspondre quotidiennement s'est évanouie ; je me suis rendu compte que j'adressais d'abord ces lettres à moi-même afin de vérifier dans chacune que j'étais bien romain. J'envoyais mes pensées à ma terre pour renforcer mes racines, crier que je n'étais pas ici, en Palestine. Je te parlais parce que tu es toi, certes, mais aussi

parce que tu es mon frère, mon image peinte, mon visage resté sur une fresque romaine.

Aujourd'hui cela me semble si vain. Être d'ici ou d'ailleurs, quelle importance ? Est-ce seulement possible ? Épouser un pays, ses particularités, c'est épouser ce qu'il a de petit. S'en tenir à sa terre, c'est ramper. Ce qui m'intéresse dans les hommes, désormais, ce n'est pas ce qu'ils ont de romain, de grec ou d'égyptien c'est ce qu'ils pourraient avoir de beau, de généreux, de juste, de commun, ce qu'ils peuvent inventer qui rendrait le monde meilleur et habitable.

Pour l'instant je m'acquitte de mes tâches. J'assure l'ordre : je menace, je surveille, je punis. Mais bientôt, sitôt que notre enfant sera né, nous rentrerons à Rome. Je veux raconter à Tibère, par moi-même, ce qui vient de se passer ici. La vieille marionnette peinte ne m'écoutera sans doute pas.

Qu'ai-je vu ? Rien. Qu'ai-je compris ? Rien, sinon que quelque chose pouvait échapper à ma compréhension. Dans l'affaire Yéchoua, j'ai tenté ce dernier mois de sauver la raison, la sauver coûte que coûte contre le mystère, sauver la raison jusqu'à l'irraisonnable... J'ai échoué. J'admets qu'il existe de l'incompréhensible. J'ai perdu des certitudes – la certitude de maîtriser ma vie, la certitude de connaître les hommes – mais qu'ai-je gagné ? Je m'en plains souvent à Claudia : auparavant, j'étais un Romain qui savait ; maintenant je suis un Romain qui doute. Elle rit. Elle bat des mains comme si je lui faisais un numéro de jongleur.

– Douter et croire sont la même chose, Pilate. Seule l'indifférence est athée.

Je refuse qu'elle m'enrôle ainsi dans les sectateurs de Yéchoua. Que voudrait-elle que je croie ? Je n'ai rien vu. Elle, elle a vu. Moi non. Cette foi demande trop d'activité, elle mobilise l'esprit d'une façon dévorante.

Pour cela même, je pense qu'elle n'aura pas d'avenir.

Je l'explique souvent à Claudia. Tout d'abord, cette religion est née dans un mauvais endroit : la Palestine demeure une toute petite nation qui n'a ni importance ni influence dans le monde d'aujourd'hui. Ensuite, Yéchoua n'a enseigné qu'à des analphabètes, de rudes pêcheurs du lac de Tibériade qui, à part Yohanân, ne savent parler que l'araméen, à peine l'hébreu, très mal le grec. Que va devenir son histoire quand les derniers témoins seront morts ? Il n'a rien écrit, sinon sur du sable et de l'eau ; ses disciples non plus. Enfin, sa grande faiblesse fut de partir trop vite. Il n'a pas pris le temps de convaincre assez de gens, ni surtout les gens importants. Que ne s'est-il rendu à Athènes ou à Rome ? Pourquoi même a-t-il choisi de quitter la terre ? S'il est bien Fils de Dieu, comme il le prétend, pourquoi ne pas demeurer parmi nous à jamais ? Et par là nous convaincre. Et nous faire vivre dans le vrai. S'il séjournait perpétuellement sur terre, personne ne douterait plus de son message.

Mes raisonnements provoquent immanquablement l'hilarité de Claudia. Elle prétend que Yéchoua n'avait aucune raison de s'installer. Il suffit qu'il soit venu une fois. Car il ne doit pas apporter trop de preuves. S'il se montrait clairement, continuellement, avec force et évidence, il contraindrait les hommes, il les obligerait à se prosterner, il les soumettrait à une loi naturelle, quelque chose comme l'instinct. Or il a fait l'homme libre. Il tient compte de cette liberté en nous laissant la possibilité de croire ou de ne pas croire. Peut-on être forcé d'adhérer ? Peut-on être forcé d'aimer ? On doit s'y disposer soi-même, consentir à la foi comme à l'amour. Yéchoua respecte les hommes. Il nous fait signe

par son histoire, mais nous laisse libres d'inter-
préter le signe. Il nous aime trop pour nous
contraindre. C'est parce qu'il nous respecte qu'il
nous donne à douter. Cette part de choix qu'il
nous laisse, c'est l'autre nom de son mystère.

Je suis toujours troublé par ce discours. Et jamais
convaincu.

Les figures du poisson se multiplient dans le
sable et la poussière de Palestine ; les pèlerins
les tracent du bout de leur bâton comme la clé
secrète d'une communauté qui s'élargit. Mes
espions viennent de me rapporter que les secta-
teurs de Yéchoua s'étaient aussi trouvé un nom :
les chrétiens, les disciples du Christ, celui qui a
été oint par Dieu, et qu'ils ont désormais un
autre signe de reconnaissance qu'ils portent sou-
vent en pendentif : la croix.

J'ai frémi en apprenant cette bizarrerie. Quelle
idée barbare ! Pourquoi pas une potence, une
hache, un poignard ? Comment espèrent-ils ras-
sembler les fidèles autour de l'épisode le moins
glorieux, le plus humiliant de l'histoire de
Yéchoua ?

Mon cher frère, je ne veux pas t'importuner plus
longtemps avec mon trouble et mes réflexions.
Nous aurons tout le loisir d'en discuter bientôt,

quand nous débarquerons à Rome. Peut-être
que, pendant la traversée, toutes mes idées dis-
paraîtront d'elles-mêmes et que j'apprendrai, en
posant le pied sur le quai d'Ostie, qu'elles
devaient rester en Palestine ? Le christianisme,
cette histoire juive, est peut-être soluble dans
notre mer ? Mais peut-être me suivront-elles jus-
que là-bas... Qui sait le chemin que prennent les
idées ?

Porte-toi bien. »

Pilate croit avoir fini sa lettre. Il la roule et se
prépare à la cacheter.

Soudain, changeant d'avis, il s'assoit pour
ajouter un paragraphe.

« Post-scriptum. Ce matin, je disais à Claudia,
qui se prétend – sache-le – chrétienne, qu'il n'y
aura jamais qu'une seule génération de chré-
tiens : ceux qui auront vu Yéchoua ressuscité.
Cette foi s'éteindra avec eux, lorsque l'on fermera
les paupières du dernier vieillard qui aura dans
sa mémoire le visage et la voix de Yéchoua vivant.
– Je ne serai donc jamais chrétien, Claudia. Car
je n'ai rien vu, j'ai tout raté, je suis arrivé trop

tard. Si je voulais croire, je devrais d'abord croire le témoignage des autres.

– Alors peut-être est-ce toi, le premier chrétien ? »

Dubitatif, il regarde pensivement la mer.

Créés à Paris au théâtre Montparnasse
en décembre 2004

Mise en scène de Christophe Lidon
Avec

Pour La Nuit des Oliviers
Frédéric Quirin (Yéchoua)

Pour L'Évangile selon Pilate
Jacques Weber (Pilate)
Erwan Daouphars (Sextus)

Théâtre

LA NUIT DE VALOGNES, 1991.

LE VISITEUR (Molière du meilleur auteur), 1993.

GOLDEN JOE, 1995.

VARIATIONS ÉNIGMATIQUES, 1996.

LE LIBERTIN, 1997.

FRÉDÉRICK OU LE BOULEVARD DU CRIME, 1998.

HÔTEL DES DEUX MONDES, 1999.

PETITS CRIMES CONJUGAUX, 2003.

*Le Grand Prix du Théâtre de l'Académie française 2001
a été décerné à Eric-Emmanuel Schmitt
pour l'ensemble de son œuvre.*

Site Internet : eric-emmanuel-schmitt.com

Composition IGS
Impression Bussière en octobre 2004
Editions Albin Michel
22, rue Huyghens, 75014 Paris
www.albin-michel.fr
Dépôt légal : novembre 2004 N° d'édition : 22962
N° d'impression : 044394/4
ISBN : 2-226-15521-X
Imprimé en France.